PARAÍSOS PERDIDOS

UNA GUÍA DE VIAJE A LOS LUGARES MÁS BELLOS Y DESCONOCIDOS DE ESPAÑA

ESTHER DE ARAGÓN

www.paraisos-perdidos.guiaburros.es

© **EDITATUM**

© ESTHER DE ARAGÓN

Queda prohibida, salvo excepción prevista en la ley, cualquier forma de reproducción, distribución, comunicación pública y transformación de esta obra sin contar con la autorización de los titulares de propiedad intelectual. La infracción de los derechos mencionados puede ser constitutiva de delito contra la propiedad intelectual (art.270 y siguientes del Código Penal). El Centro Español de Derechos Repográficos (CEDRO) vela por el respeto de los citados derechos.

En la redacción del presente libro mencionamos logotipos, nombres comerciales y marcas de ciertas empresas u organizaciones, cuyos derechos pertenecen a sus respectivos dueños. Este uso se hace en virtud del Artículo 37 de la actual Ley 17/2001, de 7 de diciembre, de Marcas, sin que esta utilización suponga relación alguna del presente libro con las mencionadas marcas ni con sus legítimos propietarios. En ningún caso, estas menciones deben ser consideradas como recomendación, distribución o patrocinio de los productos y/o servicios o, en general, contenidos titularidad de terceros.

Diseño de cubierta: © Marta Villarín (EDITATUM)
Maquetación de interior: © EDITATUM

Primera edición: junio de 2022

ISBN: 978-84-19129-53-6
Depósito Legal: M-13681-2022

IMPRESO EN ESPAÑA/ PRINTED IN SPAIN

Si después de leer este libro, lo ha considerado como útil e interesante, le agradeceríamos que hiciera sobre él una **reseña honesta en cualquier plataforma de opinión** y nos enviara un *e-mail* a **opiniones@guiaburros.es** para poder, desde la editorial, enviarle **como regalo otro libro de nuestra colección.**

Sobre la autora

 **Esther de Aragón** es licenciada en Geografía e Historia por la Universidad Complutense de Madrid. Ha realizado trabajos para Diario 16, Motor 16, Auto Aventura, Solo Auto 4x4, Solo Nieve, Solo Monovolúmen, En ruta (AUTT), Flotas (LeasePlan); Diario de Soria; La Gaceta de los Negocios, así como proyectos culturales para fabricantes de vehículos.

Ha publicado trabajos como *Vuelta Jeep a España; Guía Arqueológica de España; Guía Temática de España con Toyota Prius; Las Rutas de Don Quijote; Guía Natural Toyota* y *Guía de Museos de España y Portugal con Toyota Avensis*. Además, es autora de la novela *Dama del Sur* (Doce07 Ediciones, 2009) y, junto a Sebastián Vázquez, ha publicado *Rutas Sagradas* (Palmyra, 2015) y *GuíaBurros: Rutas por lugares míticos y sagrados de España*.

Agradecimientos

Para Vito, que me enseñó que la naturaleza es un gran libro en el que aprender y detectar los cambios que, día a día, experimenta el medio ambiente.

Índice

A MODO DE PRÓLOGO 11

CAPÍTULO 1:
LAS HURDES 13

CAPÍTULO 2:
EL SUR DE SORIA 35

CAPÍTULO 3:
LA SIERRA DE ALCARAZ 59

CAPÍTULO 4
LAS TUERCES, LA LORA Y VALDERREDIBLE 82

CAPÍTULO 5
LA SIERRA DE O COUREL 107

CAPÍTULO 6
PANTANO DE VALDEINFIERNO, RÍO
LUCHENA Y SIERRA DEL GIGANTE 125

BIBLIOGRAFÍA 143

A modo de prólogo

Este pequeño volumen, amigo viajero, es una invitación para descubrir una serie de espacios naturales de nuestro país. No pretende ser una guía exhaustiva de cada lugar, sino una propuesta que active tu inquietud de descubrir, pero también de conocer a través de la perspectiva de otra persona, cómo son los "paraísos" de los que se ocupan estas páginas. He de aclarar que esa perspectiva no es quizás la tradicional. Hay que tener en cuenta que cada espacio es como es no solo por su expresión natural y su formación física y geológica, sino porque el hombre ha utilizado su entorno desde hace miles de años. En mi opinión, todos los paisajes de España están humanizados y el hombre ha ido dando forma a todos ellos mientras aprovechaba el medio para poder vivir.

Para mí, la mayor parte de nuestros recorridos muestran cómo el ser humano y la naturaleza pueden convivir sin problemas, si se hace bien. En cada uno de los espacios, tradicionalmente, el hombre se ha ido adaptando al medio natural, ayudando a dar forma a su fisonomía. Por ello, este libro, más que un compendio de naturaleza, es una fusión entre la naturaleza de cada lugar y la historia.

El ejemplo más claro es el aislamiento al que tradicionalmente se ha visto sometida la región de Las Hurdes. Los habitantes de aquella región olvidada durante siglos aprovecharon lo poco que permitía el medio para vivir, más bien sobrevivir. En una naturaleza tan agreste y complicada, ha quedado una maravillosa fisonomía natural, pero también una historia convertida en bancales y en pequeñas viviendas de pizarra, así como en alquerías ya abandonadas que no han podido resistir el paso del tiempo.

Finalmente, he de decir que este pequeño volumen es el resultado de muchos años de viajes y de un gran amor por la biodiversidad y la fisonomía de nuestro querido país. Mi deseo es que mis recuerdos, mis sensaciones, no se pierdan, para que quienquiera pueda disfrutar, como yo lo he hecho previamente, y muchas veces, de todos los parajes que describe el libro.

¡Feliz viaje por la España natural!

Esther de Aragón

Capítulo 1
Las Hurdes

Una breve mirada

Pocas regiones de la Península impactan tanto como Las Hurdes. Sus paisajes de vértigo, su tradicional aislamiento y la dureza del inevitable olvido al que se vio forzada durante siglos, han conservado un maravilloso paraíso natural, de verticales valles y encerrados cauces, de pizarras que matizan el tono del ambiente cuando reflejan el sol, de amables y hospitalarias gentes que se afanan por guardar la extraordinaria belleza de un espacio que dibuja un tramo de la frontera norte de la Comunidad de Extremadura, allí donde el río Alagón y alguno de sus afluentes la separan de Castilla y León, concretamente, de Salamanca.

Cualquier persona que quiera saber cómo fue la historia hurdana podrá encontrar numerosas opiniones sobre "una tierra sin tierra", que dicen; sobre la centenaria incomunicación; incluso sobre la leyenda negra que muchos viajeros han ayudado a crear. Sin embargo, también es fácil encontrar algunos escritores que dan una visión diferente sobre la etnografía y la naturaleza hurdanas. La historia, las opiniones del pasado y la mirada de hoy nos llevaron hace muchos años a descubrir Las Hurdes y a ver, de primera mano, la verdad de toda la documentación investigada.

Nadie puede entender la sorpresa y las sensaciones que nos causó la región en aquel momento: su descomunal belleza, su magnífico medio natural, el triste pasado y el feliz presente de sus alquerías… En algunos lugares llegamos a enmudecer y a sentirnos como águilas, observando desde las alturas el infinito horizonte y los cerrados valles.

Aquí están las impresiones de una aventura que se ha mantenido en el tiempo. Es realmente así: cada visita es una experiencia nueva e inolvidable, por lo inesperado de sus paisajes eternos y lo asombroso de sus rincones escarpados y estrechos. Pero también porque la región nos ha permitido desmontar leyendas negras y tópicos del pasado, así como rendir tributo a Las Hurdes, a sus gentes, a aquellos que día a día cuidan de un impresionante medio natural en el que apenas han podido influir durante siglos.

Apunte sobre la región

En cuanto te adentres en la región hurdana, entenderás el porqué de aquella centenaria incomunicación, pues su perímetro está completamente encerrado entre sierras. Los 470 km de su superficie están configurados por estrechos y angostos valles —que siguen excavando los ríos Batuecas, Ladrillar, Hurdano, Malvellido, Esperabán, de los Ángeles y Alagón—, así como por escarpados y verticales montes. Debido a esto último y al sustrato de pizarra, que impide el aprovechamiento de la tierra, las lluvias forman verdaderos torrentes llevándose consigo la tierra que pudiera producir la erosión natural. Cuarenta son los núcleos de población que se dispersan por la zona y que antiguamente se denominaban alquerías. Tomamos unas palabras del escritor y gran conocedor de Las Hurdes, Félix Barroso, sobre cómo eran tradicionalmente las casas de las aldeas:

> "Pizarra sobre pizarra; formas redondeadas; escasos vanos; gruesos muros, lucidos, a veces, con almagre; maderos de castaños, lanchas en vez de tejas, y dimensiones reducidas. No es un símbolo de pobreza, ni mucho menos. Responde a un tipo de vivienda bioclimática, enmarcada dentro de determinadas coordenadas socioeconómicas".

Debido a lo escarpado de los montes la mayor parte de los pueblos se encuentran situados en el fondo de los valles y al borde de los ríos. Hoy se agrupan en cinco municipios: Caminomorisco y Pinofranqueado, que forman Las Hurdes Bajas; Nuñomoral, que fue la zona más inaccesible y entre cuyas alquerías se encuentran El Gasco, Fragosa, Martilandrán y Asegur; Casares de las Hurdes y Ladrillar. Los tres últimos forman Las Hurdes Altas y producen unos barrancos casi verticales y de una belleza increíble.

Como curiosidad añadida, los paisajes de bancales y las montañas de Las Hurdes Altas dieron mil veces la vuelta al mundo durante el siglo xx.

Una propuesta de visita

La región hurdana es inmensa y descubrir lo que esconde puede llevar años. Por ello, proponemos una ruta natural que no solo ayudará a explorar el paisaje, sino muchas de sus alquerías. A veces serán carreteras, otras pistas de tierra, pero no importa el destino: siempre asombrará el entorno natural, la biodiversidad y las infinitas panorámicas. Así que… ¡vamos a ello!

El Melero

Nada mejor que penetrar en la región por una de sus puertas septentrionales: Riomalo de Abajo. La población es un buen punto de partida para acceder a ciertos espacios naturales únicos que ocuparán enseguida estas líneas.

Melero río Alagón

Pero debemos empezar por decir que el núcleo conserva algo de su fisonomía tradicional, poco, aunque cuenta con buenos recursos, de cara al alojamiento y restauración.

Desde la misma población parte una pista, bien señalizada, que acompaña los últimos pasos del río Ladrillar. En Riomalo, el curso del río forma una piscina natural en verano, gracias a que sus aguas se retienen para tal fin. Una vez rebasada la zona, el Ladrillar busca el río Alagón para volcar sus aguas.

La pista, entonces, se desvía comenzando un pequeño ascenso. Poco puede imaginar el viajero la perspectiva que el río Alagón ofrece poco después. El curso se retuerce en meandros, siendo el más pronunciado el popularmente llamado *"Melero"*. Aunque las fotos de él han viajado sin interrupción, nadie, que no lo conozca, es capaz de sospechar el grandioso espectáculo que ofrece desde el Mirador de la Antigua. El río se curva de forma inverosímil, rodea una pequeña península y después se abre camino entre paredes de roca hacia el embalse de Gabriel y Galán, perceptible en la lejanía. Por encima, en el lado salmantino, el espacio protegido de Arca y Buitrera y, más allá, la Sierra de Béjar, que en ocasiones luce un bello manto blanco.

La soledad y la belleza de estos paisajes se apoderan del viajero y puede ser así durante unos cuantos kilómetros, ya que la pista por la que se transita accede tras un largo camino a Arrolobos, otra alquería, situada al borde del río

Hurdano. Pero no adelantemos acontecimientos, porque todavía tenemos que indicar que la citada pista permite escuchar y contemplar la berrea, un inolvidable desafío natural que tiene lugar cuando acaba el verano y empiezan las lluvias. Además, nos veremos acompañados por buitres, leonados y negros, águilas y otras aves de presa, incluso garzas al borde del Alagón.

Riomalo de Arriba y Casares de las Hurdes

Riomalo de Arriba

A nuestro siguiente destino, valle del Ladrillar arriba, se puede llegar por pista o por asfalto. En ambos casos, hay que tomar la carretera principal, EX 204, que cruza Las Hurdes de un extremo a otro. Para ir por pista habrá que tomar una subida que parte hacia nuestra derecha desde la llamada "Portilla Pino", a poco más de 6,5 km de Riomalo de Abajo. Siguiendo toda la sierra del Cordón hacia el noroeste, se puede contemplar el valle del río Ladrillar, encajonado entre esta sierra y la de las Mestas. Para llegar por asfalto, hay que tomar la carretera que, poco antes de cuatro km desde Riomalo de Abajo, se dirige hacia Las Mestas.

Y ya que hablamos de naturaleza, ha llegado el momento de decir que uno de los productos más valorados de Las Hurdes es la miel. Son numerosas las colmenas con que cuenta la región y para entender su excelencia, no tenemos más que comentar que en Las Mestas se encuentra uno de los productores que ha conseguido más premios por el néctar de las abejas, y no solo nos referimos a premios españoles, sino europeos. Se trata de la miel del *"Tío Picho"*, nombre que procede de un conocido hurdano, ya fallecido. Aunque la miel lleva su nombre, es su hijo Tasio, y los hijos de este, los que comercializan un producto que se puede adquirir directamente en la población, además de otros, como licores o caramelos, por citar algunos, elaborados con ella.

Nuestro camino sigue hasta Riomalo de Arriba, uno de los lugares en los que se ha mantenido la fisonomía hurdana. Una vez rebasada la población, se pueden contemplar desde el alto los bellísimos paisajes de inacabables sierras y horizontes hurdanos.

Por debajo, el cerrado valle del Ladrillar. En nuestro entorno, la tradicional vegetación hurdana, eso sí, con enormes masas forestales de pino de repoblación: brezos rosa y blanco, madroño, jaguarzo...

Tras unos cuantos kilómetros, el asfalto cambia de vertiente y si nuestro ánimo había quedado en suspenso varias veces, las perspectivas sobre el valle del Hurdano enmudecen. Tierras infinitas, magníficas, azuladas por el reflejo del sol sobre la pizarra.

Nada más tocar Casares de las Hurdes, una pista hacia el oeste indica el acceso a la presa conocida como la "Majá Robledo". Merece la pena llegar hasta el lugar donde se retienen las aguas del río de los Lobos o de los Casares. Mientras se accede, vuelven los paisajes impresionantes, los desniveles verticales que asoman a La Huetre, así como la sensación de estar en un lugar tan recóndito como bello.

Casares de las Hurdes

La pista de acceso es la que se hizo para construir la presa, por lo que es cómoda, ya que sigue la misma curva de nivel de las laderas de la Sierra de la Canchera. Por debajo, siempre el curso del Hurdano, a veces imperceptible por la verticalidad del propio valle, cerrado y sinuoso. Por encima del curso, al otro lado de los montes, las cumbres de la Sierra de la Corredera. Sus picos más altos se acercan a los 1500 metros de altitud, entre ellos el llamado Pico de la Corredera, que se eleva entre los altos valles del Hurdano y del Malvellido.

Antes de llegar a la presa, algo más de 2 kilómetros antes, la ruta se asoma al espectacular Mirador de la Pregonera, ubicado en una posición casi inverosímil, sobre el pico del que toma el nombre.

El barranco del Malvellido

De vuelta a la carretera, el asfalto atraviesa Casares, que se descuelga, literalmente, por una ladera. Tal es la verticalidad de estos parajes. Nuñomoral está más abajo, donde se nivela el paisaje. Es uno de los núcleos más grandes de Las Hurdes y punto de acceso a algunos de los lugares más recónditos de la región: los del valle del Malvellido.

Muy cerca del desvío está Cerezal y el acceso a una pequeña presa, la de Arrocerezal, encerrada en otro bello paisaje de montañas. Siguiendo el asfalto sobre el Malvellido aparece Martilandrán y sus clásicas viviendas hurdanas.

Aguas arriba, el viajero irá quedando más y más asombrado. El valle se va cerrando y la luz golpea sobre la pizarra, dando nuevamente el tono azulado al ambiente. Allí está Fragosa y el Cottolengo, el conocido centro asistencial.

Al rebasar la alquería, las casitas hurdanas aparecen descolgándose por la ladera hacia el río, que muestra con meridiana claridad cómo los hurdanos han conseguido extraer pequeños bancales para crear sus huertos y poder sobrevivir a una naturaleza tan escarpada y difícil.

Casas hurdanas

Bancales río Malvellido

Y después, El Gasco. Es esta población una de las más remotas de Las Hurdes, ya que solo se puede llegar a ella por la carretera o descolgándose, en sentido literal, de los montes. Sigue habiendo un artesano que hace casitas tradicionales de pizarra en miniatura, aunque, desafortunadamente, ya no queda nadie que venda objetos de piedra del *"volcán"*:

> "Ese que ven ustedes al frente, pero no es un volcán sino un meteorito que cayó hace millones de años, tal y como nos dijeron unos expertos que vinieron a estudiarlo".

Así lo cuentan allí, además de recomendar un paseo hasta la Miacera, una de las cascadas más remotas de Las Hurdes.

El Gasco　　　　　　　　　La Miacera

El paseo es cómodo, aunque asciende constantemente hasta alcanzar el salto de agua. La parte final se hace entre enormes peñascos, alcanzando el magnífico paraje natural. Allí, rodeado de la descomunal naturaleza, el viajero puede sentir que ha llegado al final de todo y de nada. Al bajar, contemplando El Gasco, no es difícil imaginar el pasado y lo sencillo que debió ser mantener la leyenda negra: ¿Quién iba a querer llegar para comprobar la existencia de seres extraordinarios, que decía Lope de Vega de Las Batuecas y cuya imagen también abrazaba Las Hurdes? Pero también es fácil comprender que, en ese barranco, y en otros tiempos, la vida debió ser terrible; allí parece más cierta la expresión de "una tierra sin tierra", que decía Unamuno, así como la cruel batalla de luchar por sobrevivir en un medio tan bello como improductivo.

En el barranco del Malvellido, como también ocurre en el del Ladrillar, en la zona alta del Hurdano o en algunas alquerías perdidas de Las Hurdes Bajas, es sencillo entender la cruzada que acometieron muchas gentes para forzar la visita de Alfonso XIII en 1922 o para mover la conciencia del país, que solo parecía acordarse de la región para abandonar hijos naturales.

Palabras terribles las de muchos testigos de la situación hurdana, como los versos de Gabriel y Galán dirigidos a Alfonso XIII:

"Tanta pena he contemplado / que unas veces he llorado / con llantos de compasión / y otras mi voz ha velado / gemidos de indignación…".

También las palabras de Miguel de Unamuno:

"Quien una vez vio aquello, sobre todo el barranco central, el que va de El Gasco a Nuñomoral, pasando por Fragosa, nunca más podrá desdolerse de ello. ¡Qué tarde aquella en que después de habernos bañado en el clarísimo río, entre peñascos —lo que allí falta es tierra—, al pie de Fragosa, nos rodearon los misérrimos fragosanos al husmo de las escurrajadas de nuestra merienda, pero también para preguntarnos por el mundo!".

Las Hurdes Bajas

Horcajo

Desde Nuñomoral se llega de nuevo a la carretera principal de Las Hurdes, la EX 204, a la altura de Vegas de Coria. Nuestra propuesta pasa por las alquerías centrales, Cambrón, Caminomorisco, uno de los núcleos más importantes de la región, y alcanza Las Hurdes Bajas. En el mismo Pinofranqueado, se puede tomar una carretera para alcanzar algunos otros puntos escondidos, que se sitúan en el valle del Esperabán. Allí están La Muela, Robledo y Horcajo. Muy cerca de esta última se conserva un conjunto de corrales, muy a la usanza hurdana y en un paraje de gran belleza, aguas arriba del arroyo del Horcajo. Se llega por una senda encerrada entre tapias de pizarra. Al final, en un magnífico enclave, se levantaban los Corrales del Moral, casi un reducto de arquitectura tradicional hurdana.

Y si bellos parecen estos paisajes de Las Hurdes Bajas, no menos ocurre con los cercanos de los ríos Ovejuela y de los Ángeles. Para llegar, hay que tomar una pequeña carretera que parte de la principal, a pocos kilómetros de Pinofranqueado y antes de abandonar la región hurdana.

El Chorrituelo

En Ovejuela se encuentra otro de los saltos de agua de Las Hurdes, conocido como el Chorrituero, origen del río de Ovejuela, un idílico lugar.

Y de vuelta, antes de que la carretera vuelva a la principal, unas tablillas de madera indican la dirección por pista hasta un nuevo espacio natural: el Manadero de los Ángeles, que brota en la sierra del mismo nombre. Arriba, grandioso y abrupto, aparece el mayor salto de agua de

Las Hurdes, origen del propio río. Un mirador permite unas buenas vistas de aquel paisaje montaraz, además de ofrecer una grandiosa perspectiva de la región hurdana.

Un apunte más. Al descender, la pista facilita el acceso a las ruinas del convento de Nuestra Señora de los Ángeles, cuya fundación, según indican la tradición, podría deberse a San Francisco de Asís en el siglo XIII. Es poco lo que queda de él, y además, privado, pero se puede contemplar cómo las construcciones se adaptaron a la irregularidad del terreno.

Pero lo que si merece la pena es conocer al bellísimo puente medieval de los Machos, que los propios monjes utilizaban para cruzar el río de los Ángeles.

Puente de los Machos

Los valles

Valle del Alagón

La primera cita, obligada, es para el río Alagón, al que todos los demás cursos tributan directa o indirectamente. Frontera natural entre tierras salmantinas y extremeñas en la zona nororiental de Las Hurdes, sus aguas nacen más al norte, en plena Sierra de Frades; ya en tierras extremeñas, se encuentra represado en el bello embalse de Gabriel y Galán, buscando después ciudades como Galisteo y Coria para ir a volcar sus aguas sobre el Tajo, en Alcántara.

El río es el que se retuerce entre meandros creando paisajes tan sugerentes como el del "Melero". Discurre unos kilómetros haciendo de frontera entre Las Hurdes y Salamanca, estando ocupado el lado salmantino por el espacio protegido Arca y Buitrera, prolongación del Parque Natural de las Batuecas. En esta zona, hurdana o salmantina, no es complicado avistar buitres negros, incluso ver ciervos bajando las laderas hasta el borde del agua, al atardecer, por aquellos puntos en los que los pinos se abren suficientemente y permiten su contemplación.

Es fácil alcanzar el curso del Alagón desde Riomalo de Abajo. De hecho existe una bajada hasta el río, pudiendo pasear en barca hacia el embalse de Gabriel y Galán y hacia Granadilla, un bellísimo lugar, casi aislado sobre el pantano, cuyas murallas han cerrado desde la Edad Media el conjunto, dejando fuera solo puentes y tapias, hoy anegados por las aguas; la expropiación de las casas y el abandono estuvieron a punto de acabar con la aldea, cuyo deterioro finalizó con la declaración de Conjunto Histórico y con un programa de rehabilitación que aún sigue en marcha y que ha devuelto la fisonomía a las murallas, a su torre-castillo y a parte de sus calles y casas.

Valle del Ladrillar

El río Ladrillar antiguamente era también conocido como Riomalo, de ahí el nombre de las poblaciones de cabeza y desembocadura; la causa no es otra que el poder destructivo de la lluvia que, por la verticalidad de los montes, lo estrecho del valle y el sustrato de pizarra, convertía las aguas en torrentes que arrastraban todo lo que encontraban a su paso, incluidas las frágiles viviendas hurdanas.

A la altura de Las Mestas el Ladrillar recibe el agua del río de Las Batuecas. Viendo el paisaje montaraz se puede llegar a entender que, desde la aparición de la obra de Lope de Vega se consideraran Las Hurdes como parte de ese terreno desconocido de Las Batuecas, habitado por seres extraordinarios.

Valle del Hurdano

El valle del Hurdano pertenece a Las Hurdes Altas; las aguas del río comienzan su andadura en las cumbres de la Sierra de la Canchera, siendo retenidas muy pronto en la ya citada presa de la Majá-Robledo, de la que salen para sortear los incontables montes que cierran la deliciosa población de Huetre. En la zona se conoce como Río de los Casares a este tramo, hasta que el Malvellido se une a él y juntos corren ya valle abajo. Carretera arriba, allá donde asciende el asfalto hacia el Puerto de los Casares, están las poblaciones de Robledo y Carabusino, así como Casares de las Hurdes, todas ellas inverosímiles en cuanto a ubicación se refiere, pues se descuelgan en vertical de las laderas. Más abajo, Asegur, o La Segur que aquí dicen. Los paisajes de este tramo tienen la espectacularidad de los valles cerrados por altas montañas de toda la región, aunque cuentan con laderas llenas de bancales que otrora dieron forma a las múltiples imágenes que atestiguaron la dureza de una vida como lo fue la hurdana.

El río Hurdano recibe las aguas del Malvellido en Nuñomoral, cabeza de municipio, punto en el que el valle se abre brevemente.

Desde la población se puede acceder a la Sierra del Cordón, así como a la aldea de Aceitunilla; al frente, la Sierra de la Mula, o de la Múa, donde anida la cigüeña negra, y por debajo, La Batuequilla, uno de esos lugares mágicos que conservan Las Hurdes, pequeño, emitiendo todo el sabor de las alquerías tradicionales, incluso con las antiguas eras de trillar típicas de la zona.

Desde Vegas de Coria, el Hurdano busca la pequeña población de Arrolobos y uno de los brazos del embalse de Gabriel y Galán, donde desemboca.

Valle del Malvellido

Si las crónicas hablaron durante mucho tiempo de la inaccesibilidad de la tierra hurdana, siempre lo hicieron con insistencia del barranco que recorre el Malvellido, puesto que en él se encuentran las alquerías más remotas: El Gasco, Fragosa y Martilandrán. Solo se puede llegar a ellas por una carretera que acaba en El Gasco y que asciende el curso del río, tocando primero la aldea de Cerezal. Enseguida el paisaje se sumerge en una inquietante sucesión de montañas que caen en vertical hasta el estrecho y profundo cauce del río, que se retuerce mientras intenta liberarse de la pizarra hurdana e incrementa su caudal con el agua de los chorros que se abren camino entre rocas desde las alturas de las sierras. Y si se puede hablar de bancales en Las Hurdes, es entre las angosturas de este río donde queda más patente aquella falta de tierra de la que hablaba Unamuno.

Por lo que respecta al propio curso, sus aguas nacen entre rocas, por encima de El Gasco y bajo el Pico Solombrero, en la llamada Lancha del Malvellido y en plena Sierra de la Corredera, cuyas altas cumbres también se tiñen suavemente de blanco en inviernos duros.

Valle del Esperabán

El río Esperabán nace en el puerto del mismo nombre, desde el que se obtienen unas magníficas panorámicas de la Sierra de Gata y de la llanura de Ciudad Rodrigo. Las aguas descienden rápidamente a Aldehuela, tan remota como muchas de las alquerías ya citadas. Entre magníficos meandros el Esperabán sigue su camino hacia Las Erías y El Castillo, entre madroños, castaños, nogales y pinos.

Muchos son los grabados rupestres que se pueden ver en Las Hurdes, así como restos de castros celtas, de lo cual el Esperabán está bien surtido, como prueban los parajes de La Zambrana y del Tesito de los Cuchillos, próximos a El Castillo; muy cerca de El Castillo se encuentra también uno de los madroños más grandes de la región, convertido en árbol de varios metros de altura.

Volviendo al Esperabán, el curso se desliza hacia Robledo y termina volcando sus aguas sobre el río de los Ángeles, junto a Pinofranqueado.

Río de los Ángeles y del Ovejuela

Otro de los puntos más emblemáticos de la región hurdana es el nacimiento del río de los Ángeles. El mismo comienza su andadura despeñándose entre rocas en el llamado Manadero, o Chorro, del que ya hemos hablado, en plena Sierra de los Ángeles. El río de los Ángeles cruza la carretera y recibe el caudal del río de Ovejuela en Entrambasguas, donde hay un refugio de pescadores; después el curso se desliza entre montes hacia Sauceda y Pinofranqueado, favoreciendo la existencia de una piscina natural, y sigue su camino hasta confluir con el Alagón en el embalse de Gabriel y Galán, en el término de La Pesga.

Un poco del ecosistema

Los verdaderos protagonistas de Las Hurdes, en cuanto a fauna de refiere son la cigüeña negra, el águila real y el buitre negro, tres especies protegidas por su paulatina desaparición en la Península. En Las Hurdes hay varios nidos de estas aves. Por otro lado, las pistas forestales de Las Hurdes permiten al visitante contemplar diversas especies más de fauna, siendo todo un placer la presencia de ciervos y corzos, muy fáciles de observar al atardecer, por citar algunos. Aún no se sabe si el cambio climático y la sequía de hace unos años ha afectado a las nutrias que se movían por algunos de los ríos, pero antes se avistaban unos pocos ejemplares, como ocurría antes de los años 70 con el lince, especie de la que esporádicamente se llega a ver un ejemplar.

En cuanto al paisaje vegetal, antiguamente, la vegetación de la zona estaba compuesta, principalmente, por brezo, madroño, jara, terebinto, aliso, encina y alcornoque. Sin embargo, una repoblación de pinos masiva realizada a partir de los años cuarenta hizo subir la cantidad de hectáreas de seiscientas a treinta y cinco mil en tres décadas. No obstante, los incendios han acabado con muchas de ellas.

En cuanto al aprovechamiento del medio, además de pequeños huertos, los hurdanos tienen infinito número de bancales con olivos y frutales; mientras, los castaños siguen produciendo, como antaño, el fruto con el que se elaboran muchos postres.

Información práctica

Hay muchas páginas con información de la zona. Entre ellas, la de la Asociación para el Desarrollo Integral de la Comarca de Las Hurdes (ADISC HURDES):
www.todohurdes.com

Asimismo, la del Centro de Turismo Rural Riomalo, que cuenta con rutas por la región:
www.lashurdes.com

Mapa de Las Hurdes

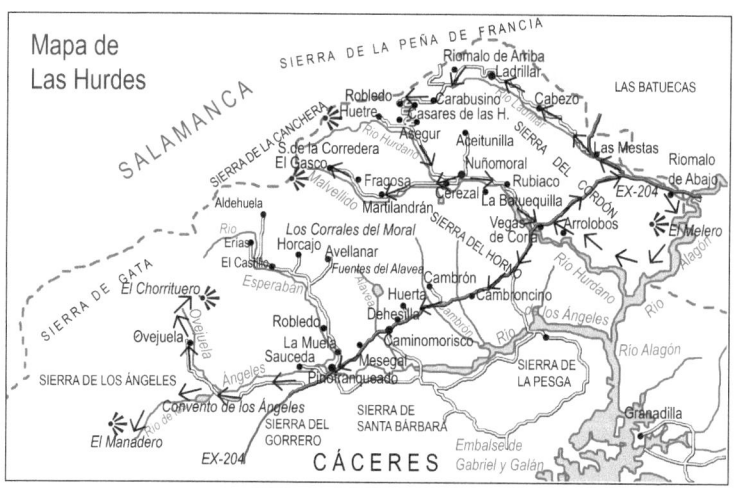

Capítulo 2
El Sur de Soria

Una breve mirada

¿Es posible imaginar un lugar de nuestro país en el que el índice de población por kilómetro cuadrado sea inferior al de todos los demás territorios de Europa? No es fácil. Pero es así, ya que es el que va a ocupar el presente capítulo. Puede que estas líneas motiven la inquietud de explorar el "Sur de Soria" y descubrir su magnífica belleza. Eso sí, en nada se parece a la Soria de Tierras Altas, la de Pinares o la del Valle. Vamos a sumergirnos en un paisaje que es la antítesis de lo más conocido, pero no por eso menos magnífico.

Por lo que respecta a mi propia experiencia, llámase casualidad, destino o como sea, pero un día acabé en la zona y lo cierto es que ya no he podido separarme de ella y de sus gentes. Al principio, cuando llegaba, siempre me parecía increíble percibir algo nuevo en el paisaje. Y aunque me he acostumbrado a ese sentimiento, me siguen impresionando los altos páramos e infinitos horizontes desde el sur, la magnitud del entorno y la inquietante idea de que aún me falta mucho por conocer.

Desde que empecé a pasear por la zona he pensado que los visitantes que aterrizan por estos pagos, o van camino de otra parte, o quizás se han despistado un poco. Pero no es así, ni mucho menos, porque cada día hay más personas, como yo misma, que se aproximan porque aman la naturaleza, sea cual sea su expresión; visitantes que quieren "perderse" para sentir la soledad natural; o que desean recorrer lugares donde poder sentir que no ha pasado el tiempo. Puede, incluso, que quieran descubrir cómo era la vida antiguamente, ya que el deambular por el Sur de Soria ayuda a conocer la realidad de quienes habitaron estas tierras, desde épocas remotas hasta la actualidad.

No obstante, recuerda viajero, que entres en esta imponente tierra serás uno de los privilegiados que descubran lo que guarda, lo que esconde con tanto afán.

Apunte sobre este espacio

Hablando en general del "Sur de Soria" podríamos definir la zona como las tierras que se extienden desde las cumbres de las sierras meridionales, que limitan con las provincias de Segovia y Guadalajara, hasta el Duero. Nosotros, concretamente, nos moveremos por el borde la Sierra de Pela, que establece la frontera suroccidental de la provincia, y el cañón del Talegones, que continúa hacia el este. Este espacio es realmente un intrincado mundo de montes y arroyos que nacen en las sierras y se precipitan por quebradas en dirección al citado río. Casi podríamos decir que cada corriente de agua tiene su correspondiente cañón y sus riscos, erosionados a través de miles y millones de años. Quien pisa por primera vez la zona poco puede sospechar la gran cantidad de cosas interesantes que esconde. Todo es especial allí: el horizonte interminable en las llanuras, los valles recogidos y los angostos desfiladeros, las constantes sierras, los solitarios montes. No menos ocurre con el color, ya que cada cosa parece tener uno distinto y muy natural. Incluso da la impresión de que el hombre hubiese sabido mimetizar su obra para evitar sobresalir del entorno. El olor también es especial. Huele a espliego, mejorana, lavanda, ajedrea, salvia, aliaga, espino y un largo etc.

En cuanto a la luz, es una característica soriana: la altitud, combinada con la escasa población y falta de industrias, hace que la atmósfera esté limpia, abarcando muchos kilómetros de perspectivas, desde los páramos del sur, hasta el horizonte montañoso del norte provincial y del sur riojano. Y, afortunadamente, esa atmósfera limpia también hace que la contaminación lumínica sea escasa, por lo que no es difícil andar por la noche con la simple luz de la luna, si está llena o casi llena, o ver una miríada de estrellas en la bóveda, incluida la Vía Láctea.

Las estaciones son terriblemente cambiantes, o lo eran antes de que el calentamiento global afectara. Los inviernos, antaño, eran duros y largos, ya que la tierra permanecía mucho tiempo dormida. Sin embargo, la primavera siempre ha llevado consigo al sur una auténtica explosión de vida, hasta el punto de que en los meses de mayo y junio los campos se cubren con multitud de flores y el aspecto es tan diferente que la tierra no parece la misma. En cuanto al verano, nunca ha sido muy caluroso y, además, corto, comparado con el de otras regiones. Dicen que Soria es una provincia fría, lo que no se puede rebatir, pero yo creo cuando te digo que lo del calentamiento está cambiando hasta tópicos como este. Ahora ya no permanecen los carámbanos en los tejados de las iglesias durante mucho tiempo, como ocurría hace medio siglo, nieva menos y los pueblos ya no se quedan aislados como antes.

El soriano es castellano viejo, amable y noble, pero reservado y, aparentemente, inmutable. Tradicionalmente, ha extraído sus recursos económicos de la agricultura y la ganadería. De hecho, la zona se encuentra llena de construcciones pastoriles tradicionales, conocidas como "taínas" o majadas. Además, Soria, desde antiguo, desde época celtíbera, ha sido tierra de ganaderos. Pero así como en la mitad norte se cría ganado vacuno, en el sur siempre ha habido rebaños de ovejas. Hoy los rebaños no son de merinas, sino de ojaladas, por lo general, y aunque quedan pocos, aún hay ganaderos y pastores en el sur.

Muchos son los pueblos de la zona, pero una buena parte están casi o totalmente despoblados. La emigración que sufrió la comarca durante los años sesenta fue considerable y aún no ha terminado. Las oportunidades que ofrece el medio rural, hoy por hoy, son escasas y en la zona se nota con fuerza por diferentes causas que iremos comprendiendo mientras damos nuestros pasos.

El contrapunto a la despoblación es la naturalidad del espacio físico. La naturaleza es dueña del "Sur de Soria", algo que se aprecia enseguida. Como también se percibe el profundo amor que el soriano siente por su tierra. Hasta el punto de que, por muy lejos que se encuentre de ella, mantiene una identidad impensable en muchas otras personas forzadas a emigrar.

Una propuesta de visita

El viaje que proponemos empieza en el extremo suroccidental de la provincia, allí donde limita con la de Segovia. Una pared de sierras perfectamente visible cierra el límite provincial cuando se penetra por el suroeste. Son tierras bellas y cambiantes, de fincas de labor y pastos para ovejas, de horizontes amplios y mil y un tonos que cubren el amplio territorio y dimensionan cada detalle.

La roca caliza acompaña al visitante a través de los paisajes del sur, añadiendo una gran paleta de tonos rojos a esta primera parte. Además, desde siempre, se han utilizado los abrigos, oquedades y pequeñas cuevas para guardar ganado, para tener colmenas o construir palomares, como en Cuevas de Ayllón, una de las posibilidades para entrar en la zona. Otra posibilidad es acceder desde Santibáñez de Ayllón (Segovia) por una pequeña carretera que, rodeando el Pico Grado, conduce a Noviales. El Pico Grado es el extremo occidental de la Sierra de Pela, que va a acompañar nuestro recorrido y que une el Sistema Central con el Ibérico. En la parte soriana, es una auténtica pared, de cumbres que rondan los 1500 metros y laderas que bajan casi verticales. Y, como decimos, por cada arroyo que nace en la sierra, hay un cañón, más cerca o más lejos, que se encamina al Duero.

Por tanto, nuestra propuesta va a intentar unir los pueblos de la zona, bajo la sierra, deteniéndose en aquellos lugares singulares a los que solo se puede acceder a pie.

Sierra de Pela

Tierras de Montejo de Tiermes

Los núcleos de población que vamos a tocar, a lo largo de la sierra, son pequeños y están cargados de historia. Situados en las hondonadas, se extienden cerca de los cursos de agua y protegidos del frío cierzo por los montes. El valor de su patrimonio monumental es incalculable, es fácil comprobarlo mientras avanzamos.

Tanto Cuevas de Ayllón, como Noviales, forman parte del municipio de Montejo de Tiermes, que, además de los citados y el propio Montejo de Tiermes, cuenta con otras ocho pedanías más. Los dos primeros que citamos están regados por uno de los ríos más emblemáticos del sur provincial: el río Pedro. Nace a los pies de la sierra, en el llamado Manadero, y sus aguas se han utilizado desde antiguo para abastecer a los pobladores de la zona. Hablaremos más de él, pero debemos decir, de momento, que tras pasar por Noviales y Cuevas, el río se dirige, entre grandes rocas, hacia Ligos, otra de las pedanías.

La forma de vida tradicional ha dejado en la zona edificaciones muy interesantes, resultado de cómo el hombre se adaptó a la naturaleza y a un duro entorno para poder comer y vivir. De ello, son buena muestra los palomares que aún salpican aquí y allá las proximidades de los pueblos. Además, los herreros proveyeron a los habitantes de todo aquello que era necesario para labrar y para el ganado. Su figura fue tan importante como la del médico, aunque se le concediera otro valor. Algunas de las fraguas se han conservado y restaurado.

La carretera que lleva a Montejo de Tiermes ofrece una bifurcación, antes de llegar al núcleo urbano, que indica la dirección de Pedro. Merece la pena desviarse, amigo viajero. En primer lugar, porque a unos cientos de metros de comenzar la pequeña carretera, las panorámicas que se ofrecen sobre la sierra son magníficas. Pero también porque la imponente bajada, que atraviesa lo que en la zona se llama "Los Callejones" impresiona, por el color rojo que domina las rocas, por los propios farallones que cierran el curso del río Pedro, en los que habitan buitres, y por las taínas tradicionales que aún se pueden ver al bajar.

La carretera enfila hacia el Pico Grado, pero se desvía antes de llegar a Rebollosa de Pedro, una pedanía muy, muy escondida, como lo está la propia población de Pedro.

Los Callejones

Lo primero que encontramos al llegar a Pedro es el Manadero. Allí mismo, brota el río con el que comparte nombre, a pie de sierra. El paraje se ha acondicionado para que quienquiera pueda disfrutar del magnífico entorno. Parte de las aguas cruzan la población de Pedro favoreciendo una abundante vegetación y una fertilidad envidiable. Desde el Manadero, otra parte de las aguas se encauzan para abastecer a la población de Montejo, pero es algo que ha ocurrido siempre, concretamente, desde época romana. Entonces, mediante canalizaciones y acueductos se llevaron hasta al ciudad celtíbero-romana de Tiermes, que decíamos. Aún quedan restos entre ambas poblaciones de lo que fue la canalización de aquella época, así como el impresionante canal excavado en la roca en el propio yacimiento.

Un breve inciso: te recomiendo, viajero, hacer un pequeño recorrido a pie por el pueblo. Hay una senda señalizada que lo rodea por su zona occidental y acaba en el centro de la población. Pasa por un molino, que es privado, y que fuerza la caída de las aguas del río por la ladera hasta un puente de madera, junto al que se puede ver una pequeña sima. Después el sendero se acerca a la primitiva y deliciosa ermita de la Virgen del Val, románica, de orígenes visigodos,. Finalmente, la senda vuelve al pueblo.

Senda por el río Talegones

He de añadir que, aunque la carretera termina en Pedro, justo antes de entrar parte una pista hacia el este que, tras cinco kilómetros, alcanza el yacimiento celtíbero-romano de Tiermes. Este camino circula a pie de sierra y pasa por el despoblado de Sotillos de Caracena, que también es pedanía de Montejo de Tiermes.

La llegada al yacimiento de Tiermes no puede ser más impactante porque asciende el cerro en el que está el asentamiento bordeando el graderío rupestre romano. Aún se hacen obras de teatro allí, cuando llega el verano y la verdad es que es un placer. Compartir el espacio que utilizaron con fines lúdicos otras personas hace 2 000 años tiene un atractivo especial. Además, solo hay que mirar al frente para contemplar los altos farallones rojos y la sierra de Pela. El mismo paisaje que contemplaron aquellos arévacos que habitaron este singular reducto antes de que llegaran los romanos e hicieran lo mismo desde sus casas excavadas en la roca.

El cañón del Caracena

Dejamos el yacimiento de Tiermes, de momento, porque hemos de llamar la atención sobre otros puntos un poco más alejados de la Sierra de Pela. En el propio yacimiento, junto a la bella iglesia románica de la Virgen de Tiermes, empieza una vía asfaltada que pasa por el museo y por la antigua Venta de Tiermes, convertida en hotel rural y restaurante. Después se dirige a la carretera que sigue todo el sur en paralelo a la sierra.

Hacia el oeste, Montejo de Tiermes, con casas de piedra roja, una iglesia románica, en origen, y renovada en épocas gótica y renacentista, además de una atalaya en el mismo centro de la localidad. Siguiendo hacia el este, queda Carrascosa de Arriba y, después, Valderromán. No hace mucho tiempo que la Diputación construyó una carretera para unir este último pueblo con Caracena. Valderromán está rodeado de maravillosas encinas, algunas centenarias, especialmente una de ellas, cuya edad llega a 800 años.

Por su parte, Caracena es un lugar en el que se ha detenido el tiempo. Se encuentra flanqueada por dos cortados, siendo el de la hoz del Adante o Caracena uno de los más bellos cañones de la provincia, por lo desconocido, natural, porque se cierra y abre a su antojo y por los tolmos que jalonan uno de sus recodos, en cuyo lugar han aparecido restos que hablan de asentamientos muy antiguos. Para pasear por el cañón hay que empezar en la misma Caracena o en el otro extremo, más al sur, en la población de Tarancueña.

Caracena fue lugar de paso para El Cid en su camino al destierro. La tradición popular cuenta que el Campeador asaltó el castillo e hizo presos a los caudillos moros que cenaban allí. La leyenda añade que el nombre de la villa viene, precisamente, de "Cara cena", la de los árabes que fueron pasados a cuchillo por el Cid.

El castillo es impresionante y sólido y su doble recinto hace de él una fortaleza inexpugnable. Construido en el siglo XV, sobre la base de uno anterior, sus muros de mampostería en piedra caliza siguen desafiando al tiempo y a la erosión, pese a su abandono, pese a su soledad.

Quizás sea esa la misma soledad que emite la villa, aunque en otro tiempo fuera importante. Caracena es una ciudad absolutamente medieval, bella y silenciosa, con unos pocos habitantes. Pero de su pasado glorioso hablan sus restos: el edificio que fuera cárcel antaño; la fachada del que fuera hospital y en la que se puede ver un reloj solar; el rollo o picota; parte de su muralla; sus iglesias románicas.

La de San Pedro, además de los canecillos que adornan su exterior, cuenta con una magnífica galería porticada, con capiteles de un románico sencillamente delicioso.

Castillo de Caracena

Iglesia de San Pedro

Tierras de Retortillo de Soria

Lo de Caracena ha sido casi como una escapada, pero retomamos nuestro paseo cerca de la sierra. Los pueblos que tras Tiermes quedan bajo la Sierra de Pela, hasta llegar a Retortillo siguen siendo rojos.

Muy cerca del yacimiento de Tiermes el antiguo "camino real", también antigua calzada, acerca al despoblado de Manzanares. Así es, amigo, cada vez hay más pueblos abandonados en Soria, desgraciadamente. Peralejo está después, como Losana y Valvenedizo. Asimismo, Castro, cuyo emplazamiento es digno de observación, entre dos promontorios rocosos, sobre uno de los cuales se asienta la bella iglesia románica de Santa María de las Peñas y que también fue un hábitat arévaco, según indican los restos encontrados. La zona es muy fértil y abunda el robledal, especialmente en las hondonadas próximas a la Sierra, que se alza grandiosa e infranqueable.

Robledal

Tarancueña queda un poco más lejos de la sierra y es el punto de partida para recorrer la bellísima hoz del Adante hasta Caracena, como decíamos líneas arriba; además posee una buena asociación cultural que promueve actividades culturales muy interesantes. Finalmente, Cañicera y Rebollosa de los Escuderos, esta última abandonada y su iglesia casi derrumbada. El emplazamiento de Rebollosa es magnífico, como su color rojo, muy rojo, hasta el punto de que es posible que ni siquiera percibas sus restos si vas por la carretera.

Y, enseguida Retortillo. La villa está emplazada al pie de la Sierra de Pela y sobre una fértil vega. En el entorno también quedan palomares antiguos y el propio núcleo muestra la importancia que tuvo en otros tiempos.

Palomares antiguos

¿Recuerdas que te decía que el Cid pasó por la zona en su camino al destierro? Pues sí, lo hizo por aquí, por la calzada que salva las sierras de Pela y Miedes en dirección a Atienza. De esa calzada, viajero, aún quedan restos visibles.

Pero, para nosotros, Retortillo tiene un atractivo añadido, y muy importante. En la Sierra de Pela, por encima de Retortillo, nace otro de los ríos más singulares y desconocidos de la provincia. Su curso, tras cruzar la vega de Retortillo, crea un impresionante cañón, el del río Talegones, que se puede seguir a pie hasta la población de Torrevicente, primero, y hasta la de Lumías, después.

El cañón del Talegones

Muy cerca de Retortillo, las aguas del naciente arroyo se encierran entre paredes de roca y quedan restos de molinos antiguos. Desde ese punto, una vereda sigue todo el curso, a veces recogida entre las angosturas del espacio, otras, amplia entre bellos rincones.

Cañón del río Talegones

Es curioso cómo cambia el cañón según la estación y la abundancia de agua. Nunca faltan los riscos de roca caliza cerrando el escarpado curso, por lo que no es difícil ver grupos de buitres leonados vigilando el atrevimiento de cualquier visitante.

Por su parte, el río está muy sometido al régimen de lluvias. En ocasiones se desborda, pero es verdad que, a lo largo del curso, las aguas se filtran por el cauce calizo y desaparece la corriente si las precipitaciones son escasas. Tampoco eso es importante, cuando el agua desaparece, quedan rincones serenos y bellos por los que también es un placer pasear.

Riscos de roca caliza

La parte del cañón menos conocida es la que hay entre Retortillo y Torrevicente, que se extiende algo más de cinco kilómetros. Pero comparte una espectacular belleza con el tramo de Torrevicente a Lumías, especialmente en primavera que, aunque llega tardía, extiende un impresionante manto de flores. Solo en unos pocos lugares de nuestro país he visto praderas de lirios silvestres o de narcisos y el Talegones, en la zona alta o cerca del cauce, se cubre de ellos. Mientras, espinos, árboles de ribera, encinas y robles pueblan el cañón, además de plantas aromáticas que dan un olor característico al "Sur".

Hemos llegado entre altas rocas a Torrevicente. El pequeño pueblo se descuelga, literalmente, por una ladera, ofreciendo una singular estampa. El núcleo se adapta a la forma cóncava del monte y alcanza prácticamente el río. Praderas y huertos se extienden junto al curso, recordando al visitante otros tiempos y otra vida, ya que la tierra fértil es escasa. Por estos pagos, es fácil entender que los sorianos sean fuertes y recios.

El cañón sigue su curso, entre calizas y conglomerados. A veces, el espacio se abre en pequeñas praderas; en ocasiones hay que cruzar el curso por pequeños puentes de piedra, o, simplemente, por encima de piedras cuando va crecido.

Puente de piedras

Todo es silencio alrededor, apenas algunas aves rompen el sereno ambiente. El curso va recibiendo el aporte de manantiales y arroyos que nacen en la sierra, incluso de fuentes que crean algún bello rincón. Aún quedan antiguos colmenares, o sus restos en oquedades, pero, sobre todo, la zona, en su parte más alta es un fiel testigo de la tradición ganadera de la zona. Aquellas majadas, o taínas, que dicen por aquí, se van quedando poco a poco sin dueño, porque hay menos rebaños. Sin embargo, lo decíamos, también son fieles testigos de una historia casi olvidada.

Entre Torrevicente y Lumías, por el cañón, hay 6,6 km. Un magnífico paseo para contemplar cómo cambia el escenario tras cada meandro del cañón y para descubrir la vegetación de ribera. Pero también las taínas casi al borde del río y el caz de un molino que provoca una pequeña cascada en esta última población.

Lumías

Lumías es un pueblo único. Las casas se arropan, literalmente, en los riscos del cañón. Conserva verdes praderas en su entorno y el río Talegones ha aportado, tradicionalmente, fertilidad a los huertos.

Tras rebasar el pueblo, su curso continúa algo más abierto hacia Arenillas. Entra en su término, deja otros molinos, o restos de molinos, a su paso, incluso una antigua fábrica de luz, y cambia pronto su orientación, buscando el norte. En ese tramo, que acompaña a la carretera, hay lugares singulares, como una pequeña cascada, cuando hay abundancia de agua, junto al asfalto y a los restos de un molino; o el lugar en el que tradicionalmente destilaban lavanda los habitantes de Arenillas, en un paraje, junto al cauce, para poder enfriar y separar el agua del aceite esencial tras la destilación.

El Talegones se puede seguir aguas abajo, una vez que cambia su dirección, tras cruzar la carretera. Quizás este tramo no sea tan escarpado y espectacular el paisaje, pero sí es sereno, bello y desconocido. Tras unos pocos kilómetros de camino de tierra el curso deja a un lado el despoblado de Cabreriza y enfila su tramo final para buscar el Duero, al que vuelca sus aguas cerca de la Estación de Berlanga de Duero.

Cascada del río Talegones

Pueblos del Sur de Soria

La ciudad celtíbero-romana de Tiermes

Hemos ido uniendo los pequeños pueblos que jalonan la franja del sur de Soria. Sin embargo, no podemos dejar de dar algunos detalles más de un lugar único, bello y mágico por toda la historia que conserva y por las fiestas que se organizan en su entorno. Nos referimos a Tiermes, un yacimiento celtíbero-romano, habitado durante milenios y coronado por la ermita románica de la Virgen de Tiermes.

Ruinas de la ciudad celtíbero-romana de Tiermes

A través de fuentes clásicas conocemos datos sobre el asentamiento y su historia: el lugar estaba ocupado por los arévacos, tribu celtíbera, cuando llegaron los romanos; sabemos que opusieron fuerte resistencia a la dominación romana, aliándose con Numancia, en contra del imperio;

la ciudad no fue destruida, sino que se romanizó paulatinamente y fue ampliando asentamiento. El nombre de la ciudad fue el de "Termes", hasta que, por evolución del castellano, en la Edad Media, se convirtió en "Tiermes".

La mayor característica de Tiermes es, posiblemente, el emplazamiento físico y su arquitectura rupestre. La ciudad ocupa un cerro de arenisca roja que permitía la defensa natural; la roca, además de hacerla inaccesible, era un buen material para excavar las casas, y no solo las arévacas, sino también las romanas, que supieron aprovechar el terreno adaptando las formas de las viviendas al mismo.

La ciudad fue amurallada, tanto por arévacos, como por romanos; la muralla bajo-imperial se conserva y cierra el asentamiento permitiendo conocer la extensión del mismo, que intramuros tenía 25 hectáreas, aunque si se añaden zonas exteriores que se utilizaron o habitaron en algún momento, la superficie se eleva a 150 hectáreas. Un paseo por las excavaciones nos permitirá descubrir cosas tan interesantes como: el Castellum Aquae, desde el que se distribuía el agua a la ciudad por medio de un sistema de canalizaciones; un graderío rupestre; casas rupestres, entre las que sobresale la llamada "del Acueducto" por su extensión; una galería subterránea de 140 metros de largo por la que se introducía el agua en la ciudad; las termas; los baños públicos; el foro; los tres perímetros de murallas; la necrópolis de incineración celta; la de inhumación labrada sobre roca. Además, las excavaciones cuentan con un bien documentado museo.

Por fin debemos comentar la presencia de la ermita de Nuestra Señora de Tiermes, del siglo xii, y bajo la cual han aparecido una necrópolis medieval y, más abajo, restos de construcciones romanas.

El propio templo es causa de la romería que citábamos previamente. En cuanto al edificio, los capiteles del pórtico y los canecillos del ábside, que es lo primero que contempla el visitante, son solo parte del interesante legado de la ermita. Se cree que es lo que queda de uno de los conventos que tuvo en época medieval. Todo el conjunto se abandonó, definitivamente, en el siglo xvi de nuestra era.

Finalmente, sobre este espacio único, debemos decir que en la antigua venta se celebra, cada mes, la "fiesta del plenilunio". Todo un acto para recordar a aquellos arévacos que habitaron el lugar, con trajes de época, salto de hogueras, hidromiel e invocaciones a Lug.

Otros lugares

El paso por el Sur de Soria nos lleva a conocer otros pueblos interesantes. El primero, el mismo Montejo de Tiermes. El lugar tiene una calle muy larga, que hasta no hace muchos años era carretera. En el centro, hay una atalaya de origen islámico, del siglo x. Al otro lado de la calle queda la iglesia, de origen románico, como muestran su portada y la galería porticada, aunque remodelada en los siglos xvi y xviii.

Con respecto a Pedro, también tiene una calle larga que acaba junto al templo parroquial, del siglo XVI. Además, como explicábamos previamente, tiene una deliciosa y primitiva ermita, la de la Virgen del Val, declarada Bien de Interés Cultural, en la categoría de Monumento, desde el año 2000. Hecha en sillarejo y mampostería, es difícil su datación, ya que puede remontar su origen a época visigoda, no en vano se encuentran ciertos sillares, en la misma fachada, que muestran grabados visigodos. Sin embargo, vivió una fuerte remodelación en época románica. Lo cierto es que, por dentro y por fuera, la antigüedad y sencillez del templo conceden un gran valor al pequeño templo.

Ermita de la Virgen del Val

Retortillo también enseñorea un importante pasado. De ello son testigos las dos puertas de acceso al recinto amurallado. Especialmente, el Arco de Abajo, del siglo XV. Además, tiene una iglesia gótica, una ermita románica y casas blasonadas.

Finalmente, Arenillas, al final del camino. Es una pequeña población que cuenta con bellos parajes naturales en su término, más allá de los que causa el río Talegones. Tiene una iglesia con elementos góticos, una fuente romana y la llamada "Casa del Curato", del siglo xviii, convertida hoy en albergue.

Información práctica

https://guiadesoria.es/
https://www.damadelsur.com/

Mapa del Sur de Soria

Capítulo 3
La Sierra de Alcaraz

Una breve mirada

Hay espacios naturales en Castilla-La Mancha capaces de mostrar un atractivo muy diferente al que, habitualmente, sospechamos de la región. La serena belleza de La Mancha, sus llanuras, sotos y florestas, aquellas que anduviera nuestro entrañable hidalgo, Don Quijote, no se encuentran en la Sierra de Alcaraz.

Por el contrario, la impresionante sierra albaceteña siempre nos ha dejado sin habla antes sus interminables montañas, angostos valles y cortados de roca, ante los calares, muelas, simas, cuevas, dolinas y poljes, los sucesivos ríos y las magníficas cascadas.

Igualmente, impresiona el abandono de una forma tradicional de vida, en cortijos, que salpican todo el territorio. Eso es cosa del pasado. No obstante, aunque evidencian la mano del hombre, se han mimetizado en el entorno físico, favoreciendo mil y unas sensaciones al estar sumergido en un medio que abruma por lo inconmensurable y por la diversidad de sus espacios. Desde las zonas altas de los montes no es difícil sentirse en paz ante un horizonte tan bello e inabarcable. Mientras, en medio de sus escarpados valles, tampoco será complicado sentir y ver los mil y un signos de vida de aquella magnífica tierra. Enamorarse de aquel paraíso es sencillo, la verdad. Y no solo por su paisaje natural, sino por sus amables y recias gentes, su historia e impresionante patrimonio artístico, así como su prometedor futuro. Además, aprender a conocer la Sierra de Alcaraz no es cosa de un momento, sino de muchos y muchos viajes.

Bienvenidos a un breve paseo por este increíble "Paraíso Natural".

Apunte sobre la región

La Sierra de Alcaraz engloba un territorio de 1861 kilómetros cuadrados de sierras y valles del sudeste de la provincia Albacete. Puesto que comparte características morfológicas con la Sierra del Segura, tradicionalmente se ha hablado de ella como parte de esta, pero Alcaraz tiene una identidad propia, de ahí que las presentes líneas dejen aparte la no menos impresionante Sierra del Segura.

La fuerte personalidad de la Sierra de Alcaraz procede de las formaciones de relieve y de las numerosas sierras que, con dirección suroeste-nordeste, conforman su territorio. La evolución geológica de Alcaraz parte de la regresión y transgresión marinas propias de épocas triásicas y jurásicas, en las que se sedimentaron materiales que dieron origen a bancos calizos. Sobre ellos, se produjo el Plegamiento Alpino de la Era Terciaria, sufriendo la zona un fuerte esfuerzo orogénico procedente del sur que forzó su compresión contra el zócalo de la Meseta y su elevación. Si esta es, a grandes rasgos, la evolución geológica de la zona, el resultado no puede ser más atractivo. Tras el proceso orogénico, la Sierra de Alcaraz ha seguido adquiriendo forma gracias a los procesos de erosión, que se han encargado de moldear su relieve y han posibilitado la aparición de curiosos fenómenos cársticos.

Sierra de Alcaraz

El agua ha ido disolviendo los materiales blandos, arcillas y margas, y ha erosionado las calizas, formando con ello fenómenos que están bien representados en el Calar del Mundo: lapiaces —surcos formados en la superficie de la roca caliza—, dolinas —hundimientos circulares que llegan a convertir en coladores algunas zonas calizas—, uvalas —combinación de varias dolinas— poljes —combinación de muchas dolinas—, simas y cuevas —como la misma de los Chorros, la cascada que brota de la roca en un bello paraje natural y da origen al río Mundo—, surgencias —lugares en los que emerge el agua subterránea—. Si a todo ello añadimos los cursos de agua, que siguen excavando incansablemente sus cauces en las rocas, los pequeños valles, las formas tabulares de relieve —calares cuando son plataformas alargadas y muelas cuando son más pequeñas—, tendremos las características principales de la Sierra de Alcaraz.

La Sierra de Alcaraz también agrupa una serie de pequeñas sierras: la de Alcaraz, propiamente, una franja que tiene en el Pico Almenara su máxima altitud, 1798 metros, y continúa hacia el nordeste por la Sierra del Pino Cano; la Sierra de la Atalaya, la Sierra de la Veracruz y el Calar de la Osera, hacia el sudeste; la Sierra del Agua, que se levanta entre el valle de Riópar y el del río Madera y tiene en el Pico Gallinero su cumbre más alta, 1628 metros; el Calar del Mundo, cuya mayor elevación está en el Argel, 1694 metros, y la Sierra del Cujón, que cierra el curso del río Mundo por el sur.

Una propuesta de visita

La inmensidad de la Sierra de Alcaraz nos anima, como decíamos, a admitir que cada acercamiento a la zona es una nueva posibilidad de seguir descubriendo sus numerosos atractivos. Es complicado llegar a conocer todo lo que abarca su espacio, sobre todo porque hay cantidad de pistas por las que pasear o ir en bicicleta y que cruzan lugares de insólita belleza.

Además, se han dedicado muchos esfuerzos al cuidado del entorno natural, así como a señalizar los caminos y los parajes importantes para que el visitante pueda conocer a fondo la región, lo que ha ayudado a crear el espacio perfecto para un turismo amante de la naturaleza y de los lugares apartados.

Nuestra propuesta solo pretende ser una aproximación, dedicada a los puntos más emblemáticos. En realidad, es una invitación para que el viajero se adentre y admire la zona. Con ello, la vuelta a la sierra está asegurada.

Desde Alcaraz

Ningún sitio mejor para empezar que la histórica y bella población que comparte nombre con la sierra: Alcaraz. La misma extiende sus calles sinuosas y empinadas, así como sus casas blancas, por el Cerro de San Cristóbal.

Alcaraz

Todo el conjunto se ve dominado por las esbeltas siluetas de las torres del Tardón y la Trinidad. Este es nuestro punto de partida y la dirección nos lleva a Vianos. El núcleo se asienta sobre una plataforma de roca, cortada en vertical por algunos de sus extremos. Un atractivo preludio de todo lo que es la sierra.

Siguiendo la carretera se llega al Puerto del Barrancazo. Una densa masa de pinares cubre el entorno del puerto, como lo hace en muchas otras zonas de la sierra. Sin embargo, al coronarlo, se pueden ver las crestas calizas que también son parte de la esencia del paisaje. Allí, enseñoreando su cumbre rocosa y desafiando la simetría de lomas y cuerdas, queda el pico Almenara, uno de los más altos del espacio natural de Alcaraz.

Nuestra propuesta, ahora, cambia el sentido de la marcha para alcanzar una población que es un auténtico balcón sobre el entorno y la vega del río Madera, con el que comparte apellido: Paterna del Madera. Y desde allí, hacia Bogarra. Antes de llegar a esta población, hacia el sur, está indicado el acceso a dos bellos y emblemáticos puntos de la sierra, a los que se llega también desde Bogarra siguiendo el río: la cascada del Batán y el Chorraero, ambos en el arroyo del Batán y sumergidos en magnífico entorno natural.

Tras pasar la localidad de Bogarra esta pequeña aventura se dirige al este, aunque apenas toque algunas encantadoras aldeas del valle, como Casas de Haches. Cerca de esa última se encuentra la Torre de Haches, un verdadero guardián, por su posición sobre un cerro, vigilando un amplio entorno y de época almohade. En sus inmediaciones se encontró la esfinge de Haches, íbera, fechada entre los siglos VI y V a. de C. La esfinge formó parte de una necrópolis que confirma el emplazamiento de un poblado íbero en el lugar.

Río Mundo

Río Mundo

La carretera, entonces, acerca al río Mundo. Se puede contemplar, primeramente, desde el llamado Mirador del Diablo y lo cierto es que el espectáculo deja atónito a cualquiera: una abrumadora imagen de riscos y farallones calizos cayendo en vertical hasta el diminuto cauce, entre los cuales se aprecian numerosas oquedades y cuevas, algunas de ellas aprovechadas como casas. Cerrando el espacio del curso del río Mundo, sobre un balcón natural, la población de Ayna, de casas blancas y calles estrechas de inequívoco origen moro. Dicen que es la "Suiza Manchega", pero lo cierto es que la población y su entorno tienen una personalidad propia, muy singular, sin comparación posible. La carretera desciende bruscamente desde el mirador, toca Ayna y continúa su descenso hasta el río Mundo y la pequeña huerta que la estrechez de la garganta posibilita.

Ayna

Siguiendo el cauce aparece Royo Odrea, asentada sobre el curso del río y bajo un imponente peñón, conocido como Peña de Llano-Odrea, de más de 100 metros de altura, llena de grietas, oquedades y salientes, en tonos grisáceos y rojizos, propios de la caliza imperante.

Los parajes que provoca el río Mundo cercanos a esta última población bien merecen un paseo, por lo que es el momento de hacer un alto en la aventura. El curso del río se retuerce encerrado entre riscos, provocando paisajes abrumadores, de inigualable belleza, en los que solo parecen tener cabida rocas y cauce. Para quienes quieran aventurarse por esa zona concreta, diremos que merece la pena acompañar las aguas río arriba, porque entre estos lugares se encuentran, en nuestra modesta opinión, algunos de los parajes más impactantes y bellos de la Península. Por aquellos pagos, el tiempo se detiene, nada parece tener más importancia que la naturaleza, tan increíblemente bella como indomable.

Los Chorros

Al llegar a Riópar, una carretera indica la dirección del nacimiento del río Mundo. Se debe dejar el coche en un aparcamiento al efecto y dar un breve paseo. El paraje aturde por su espectacularidad. Más o menos en el centro de un gran farallón se abre la cueva de la que brota el agua que, inmediatamente, se despeña desde más de 80 metros de altura, hasta las llamadas Calderetas, donde se pulveriza ofreciendo bellos tonos al reflejar la luz del sol.

Los Chorros

El lugar, conocido como Los Chorros, casi se hace inaudito por su grandiosidad. Por encima de los riscos, y accesible desde aquí, se llega al Calar del Mundo.

Una buena forma de entender la magnitud del Calar del Mundo es contemplarlo desde una de los aldeas más emblemáticas y bellas de la sierra: Riópar Viejo. La población quedó prácticamente abandonada hace años, pero ha recuperado vida y ha sabido conservar su fisonomía tradicional, gracias a sus casas de piedra, a los restos de la fortaleza mora y a la iglesia gótica.

Riópar Viejo

Sin embargo, si bella es la población, su emplazamiento no puede resultar más atractivo, pues está asentada sobre una meseta cortada en vertical por alguno de sus lados y desde la misma localidad se abren amplias perspectivas sobre el valle del arroyo de la Vega, sobre Riópar Nuevo, al que fueron descendiendo los habitantes poco a poco desde Riópar Viejo, y sobre el Calar del Mundo, como decíamos, lo que aún añade un mayor interés a la aldea.

El tramo final de esta aventura conduce al Puerto de las Crucetillas para rodear otro de los calares más conocidos de la Sierra: el de la Osera. Sus cumbres rocosas recuerdan la leyenda de aquel oso que se enamoró de una joven de Paterna y se la llevó a una cueva, donde permaneció hasta que pudo ser rescatada, lo que produjo el enfado del animal y que lanzara contra la población suficientes rocas como para atemorizar a todos los vecinos y dejar alguna huella física de la venganza.

Entorno natural

Detalles de la Sierra. El río Mundo

Una de las características de la Sierra de Alcaraz, como decíamos, es la existencia de calares, elevaciones rematadas en mesetas calcáreas alargadas, a través de cuyas calizas se filtra el agua de la lluvia creando una fuerte erosión interna que permite la presencia de cuevas, salas, lagos, etc.

El Calar del Mundo es, sin duda, el más notable de la sierra, ya que en su interior se acumulan las aguas que brotan en la llamada Cueva de los Chorros, donde nace el río Mundo. Dicho calar es un gigantesco muro de catorce kilómetros de longitud, por cinco en su parte más ancha y uno en la más estrecha.

El paraje en el que brota el río Mundo no puede ser más espléndido. Sin duda, las épocas de deshielo o de grandes lluvias son las más bellas para contemplarlo. Entonces, el caudal que sale de la cueva tiene tanta fuerza que dicen en la zona que "revienta". Los espeleólogos han conseguido penetrar en el interior unos cuantos kilómetros y admirar lagos, salas, simas y otras cascadas.

En cuanto al propio paraje, una senda permite alcanzar la cueva, incluso, ascender a la parte alta de los riscos.

Desde arriba, la perspectiva sobre el terrible cortado de roca es sobrecogedora, aunque resulta difícil ver la cascada por los recovecos de la pared.

Además, el llamado Calar del Mundo es, en sí mismo, un lugar muy especial. En él se suceden las dolinas, que se cuentan por cientos y que muchas veces aparecen colmatadas con arcillas rojas, permitiendo la presencia de plantas en su interior.

Cascada del río Mundo

Dolina

La mejor expresión de un polje (conjunto de dolinas) está también sobre el Calar del Mundo, ya que la erosión interna ha provocado el hundimiento de la llamada Cañada de los Mojones, de cuatro kilómetros de longitud.

El río Mundo desciende, después de salir de las Calderetas, otros cien metros para acomodarse al estrecho curso que se retuerce entre hoces y gargantas hasta el embalse del Talave, dejando paisajes abrumadores de roca, como ocurre entre las poblaciones de Los Alejos, Royo Odrea, Ayna, Híjar y Liétor.

Desde Los Chorros hasta su desembocadura sobre el Segura, en Las Minas (Hellín), el río recorre 108 kilómetros. Son numerosas las cuevas que se pueden ver en sus cortados, siendo de especial interés la llamada Cueva del Niño, cerca de Ayna, que conserva pinturas rupestres fechadas entre 10 000 y 15 000 años a. C.

Calares, muelas, cuevas y más

La fisonomía de la Sierra de Alcaraz es consecuencia directa de su historia orogénica y de la erosión que ha moldeado su relieve a lo largo del tiempo. Lo cierto es que el resultado es un espacio con un gran carácter: los factores climáticos —lluvia, hielo y nieve— o los dinámicos —los cursos de agua—, han ido erosionando la sierra y han ayudado a singularizar el paisaje.

Además, se debe tener en cuenta que, a pesar de pertenecer a la provincia albaceteña, la sierra registra un volumen de precipitaciones medio tres veces superior a la zona más seca de Albacete y dos veces al resto del territorio provincial. De hecho, no es extraño que sus cumbres se vistan de blanco durante el invierno.

Aunque todos los fenómenos cársticos de la Sierra de Alcaraz se pueden ver en el río Mundo, los pequeños macizos y picos también tienen una morfología característica, con valles que cortan en profundidad el relieve, cumbres de rocas desnudas, muelas, calares y cuevas. El Pico Almenara, cuya cumbre rocosa es perceptible desde muchos puntos de la sierra, es quizás el más emblemático. De entre las muelas, la más conocida es, posiblemente, la que se eleva solitaria al sur de Bogarra, conocida como El Padrastro, rematada en una meseta.

No obstante, hay otras elevaciones no menos emblemáticas, como: el Padrón, visible desde Riópar Viejo; el Pico Gallinero, por detrás de la citada población; el Cerro de San Cristóbal, junto a Bogarra; la llamada Peña Herrero, hacia el norte de esta misma; la Peña de Llano-Odrea, sobre el Mundo y la población de Royo Odrea.

En cuanto a los calares, además del que da origen al río Mundo, es también espectacular el Calar de la Osera. Se trata de una elevación que acaba en una meseta superior calcárea —con lapiaces y dolinas— que tiene las laderas tapizadas de pinos.

Abundan las oquedades y las cuevas en las paredes rocosas de la sierra, muchas de ellas aprovechadas para encerrar el ganado; incluso algunas forman parte de las viviendas de algunas poblaciones, como ocurre en Ayna.

Peña Herrero

Valles, ríos y arroyos

Los valles de la Sierra de Alcaraz siguen los patrones del relieve, de forma que los más importantes se alinean entre las sierras, siguiendo la orientación suroeste-nordeste, como los que forman: el río de las Acequias, el de los Viñazos, el Madera, el valle de los Endrinales o el del río Mundo.

Algunos valles son auténticas hoyas, como ocurre con el de Riópar o el de La Vegallera.

Hay cursos de agua que cortan en profundidad las sierras formando bellas gargantas, como el río Bogarra o el Mundo. Incluso, en algunos tramos, el Angorrilla o el Salobre, que se cierran y se abren alternativamente, siguiendo una orientación diferente, pues circulan hacia el noroeste, buscando el Guadalmena, corriente que aguas arriba se llama río de Alcaraz y que, a su vez, resulta de la unión de los ríos Escorial y de la Mesta, encerrados entre rocas antes de llegar al paraje llamado Los Batanes, muy cerca de la población de Alcaraz, en el que se puede ver una bella cascada.

Valle del Angorrilla

Sin embargo, existen otras corrientes menos importantes pero no menos llamativas, en cuanto a paisaje natural se refiere. Es lo que ocurre con el arroyo del Batán, junto a la población de Bogarra, que vuelca sus aguas sobre el río que tiene el mismo nombre que la población, y que provoca un bello salto de agua, el Batán. No menos bello es el salto de la Juanfría, que llaman en la zona, o Fuenfría, que salva una pared rocosa en el Calar de la Osera.

Son numerosas las fuentes que se encuentran en la sierra, no en vano la roca filtra el agua que después brota en diferentes fuentes o en surgencias, como la de los Chorros del río Mundo. Tanto los caminos, como los parajes singulares de la sierra están señalizados mediante tablas de madera, por lo que no será difícil encontrar la dirección de lugares acondicionados con fuentes. Asimismo, hay algunas áreas recreativas en el entorno, tal es el caso de la Fuente de la Parra, cerca de la carretera de Ayna, o de la Fuenfría, o Juanfría, a escasa distancia del Chorraero y junto al Calar de la Osera.

Parque Natural del Parque Natural de Los Calares del Mundo y de la Sima

El espacio al que hacemos referencia está, en parte, protegido con la figura de Parque Natural desde mayo de 2005 (Ley 3/2005). La superficie que abarca alcanza las 19 192 hectáreas, junto a otras 8 368 de la Zona Periférica de Protección de los cursos fluviales.

Además, la sierra está incluida en la Red Natura 2000 y es Lugar de Importancia Comunitaria (LIC) y Zona de Especial Protección de Aves (ZEPA) "Sierras de Alcaraz y Segura y cañones del Segura y del Mundo".

En cuanto a la biodiversidad, el proceso kárstico ha permitido una flora muy variada y con algunas especies endémicas. La zona cuenta con densas masas de pino. Dependiendo de la altitud la clase de pino varía, siendo el laricio el que ocupa las zonas más altas, el negral el de zonas intermedias y el carrasco el de las más cálidas. También hay sabinas, algún tejo, encinas —antiguamente abundantes—, quejigos y rebollos, así como acebos en zonas húmedas y frías, y amplios bosques de galería. Una de las especies más curiosas de la sierra es la Hutera rupestris, una planta carnívora que crece en el paraje de Los Chorros y que estaba considerada un endemismo hasta hace 20 años, cuando se encontró también en una zona de Ciudad Real.

En cuanto a la fauna, entre sus roquedos no es difícil contemplar una de sus especies más emblemáticas: la cabra montés. Además, la ratilla de Cabrera, que toma el apellido del zoólogo que la identificó en 1914, un animal, menor que una rata de agua, que habita en la cuenca alta del río Mundo y en praderas verdes y húmedas, que se encuentra también en zonas del alto Segura, así como en otros puntos de la comunidad castellano-manchega.

Cabra montés

Otra especie de referencia es la lagartija de Valverde, un reptil endémico de esta zona y de Cazorla que también lleva el apellido de su descubridor y que fue detectado en Cazorla por primera vez en 1957.

Por otra parte, cada vez es más numeroso el turismo ornitológico en la sierra. Sobrevuelan el espacio especies como: águilas reales, culebreras y calzadas, esporádicamente alguna imperial, trepador azul, carbonero garrapinos, agateador común y un largo etcétera.

Un poco del patrimonio

Alcaraz

Nuestra cita con la historia de la Sierra de Alcaraz comienza en la población que le dio nombre. Llegó a ser una importante plaza fuerte desde 1213, momento en que la conquistó Alfonso VIII.

Es innegable la belleza de la arquitectura tradicional que conserva la población de Alcaraz y aunque la mayor parte de lo que queda es renacentista, la disposición de sus calles estrechas y sinuosas atestiguan el origen previo. Sin embargo, su fisonomía empezó a tomar forma definitiva cuando, tras la Reconquista, creció como capital de un importante alfoz que englobaba lo que hoy es el territorio de la Sierra de Alcaraz, amén de parte de tierras de Jaén, Ciudad Real y de la propia Albacete, territorios que fueron independizándose desde finales del siglo xv. La parte superior del cerro de San Cristóbal, en el que está Alcaraz, se ve coronado por los restos de una fortaleza que vigila la población, como lo hiciera antaño, y por el cementerio donde yacen los restos del bandido romántico —si así se puede denominar— Francisco Ríos, el Pernales, que resultó abatido cerca de Riópar y enterrado aquí.

El centro de la localidad se encuentra en la Plaza Mayor, cuyas lonjas le dan un bello aspecto tradicional. Por encima, sobresalen dos curiosas torres: la del Tardón y la de la Trinidad. La primera, del siglo XVI, es una construcción civil adosada a la lonja de Santo Domingo en la que intervino Andrés de Vandelvira, el gran arquitecto renacentista nacido en Alcaraz; dicen que el nombre procede de la campana concejil, que tocaba de tarde en tarde, cuando anunciaba incendios, sesiones del concejo y eventos importantes. En cuanto a la Torre de la Trinidad, forma parte de la iglesia gótica del mismo nombre, de los siglos XV y XVI. Las callejuelas que parten de la plaza muestran bellas casas con escudos nobiliarios, como la de Los Galianos, del siglo XVI, en la que también se detecta la mano de Vandelvira. Fuera de la población quedan los restos del acueducto gótico que abastecía antiguamente a Alcaraz.

Por último, y próximo a la localidad, se encuentra el Santuario de la Virgen de Cortes, así llamado por ser el lugar donde se reunieron la Cortes de Castilla y Aragón en el siglo XIII. El edificio es barroco y posee una imagen de la Virgen de Cortes, patrona de Alcaraz.

Núcleos de población y cortijos de la sierra

La Sierra de Alcaraz tuvo, además de sus aldeas, numerosos cortijos dispersos por sus montes, dedicados a explotaciones agropecuarias. Hoy son pocos los que están habitados pero, aun en ruinas, salpican todo el paisaje de la sierra. La emigración, a partir de los años cincuenta del pasado siglo, golpeó con fuerza la sierra.

En cuanto a las poblaciones, más allá de la propia Alcaraz, la primera cita obligada ha de ser para Riópar Viejo y Riópar Nuevo. El primero está edificado sobre un poblado romano previo y llegó, brevemente, a quedarse despoblado, ya que sus habitantes fueron descendiendo al valle poco a poco como consecuencia del auge que consiguieron tener las reales Fábricas de San Juan de Alcaraz.

Calar del Mundo y Riópar Nuevo

Su asentamiento es bellísimo, con inmensas vistas sobre el valle y el Calar del Mundo. Sus casitas de piedra, los restos de su fortaleza árabe y su iglesia gótica del Espíritu Santo hacen de Riópar Viejo un lugar en el que detener los pasos. Afortunadamente, en los últimos años, ha recobrado vida, muchas de sus casas están restauradas y ahora cuenta hasta con alojamiento rural.

En el valle, Riópar Nuevo, cuyo núcleo urbano nació a partir de la fábrica de latón que un austriaco, Hans Georg Graubner, estableció allí en 1773, con la aprobación de Carlos III y tras haber sido descubierta una mina de calamina en el lugar. Sus bronces artesanales adquirieron gran renombre. De hecho, estuvo en funcionamiento hasta 1995, que cesó su actividad, pasando a convertirse en un museo. Riópar Nuevo cambió en el siglo XX el nombre, pues anteriormente se llamaba Fábricas de San Juan de Alcaraz.

Con respecto al resto de las poblaciones de la sierra, la mayor parte tiene como característica común la singularidad de sus emplazamientos. Vianos, Ayna, Paterna del Madera, Bogarra, Haches, etc.

Cortijo de San Martín

Información práctica

Además de las oficinas de turismo, se puede encontrar información en numerosas páginas *web*.
Por citar algunas:
www.sierradealcaraz.es
www.riomundo.org
www.sierradelsegura.com

Mapa de la Sierra de Alcaraz

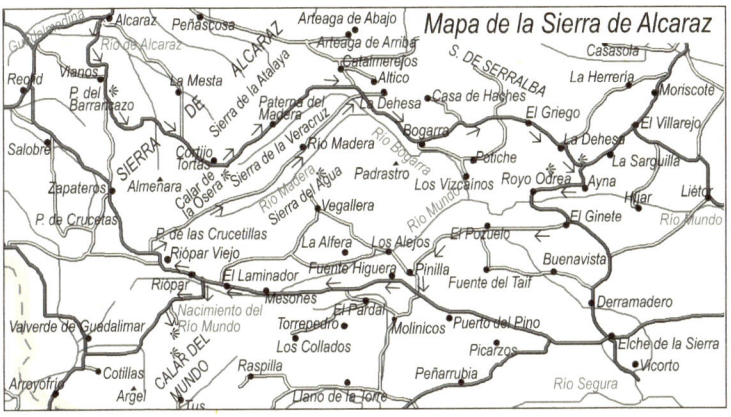

Capítulo 4
Las Tuerces, la Lora y Valderredible

Una breve mirada

Casi podríamos considerar una exageración unir a nuestros "paraísos naturales" lugares tan contrastados como los presentes. Sin embargo, ese aspecto también ha sido uno de los motivos por los que ocupa un lugar en la presente selección. Para la ocasión, nuestra propuesta se centra en aquellas tierras que limitan Cantabria, Burgos y Palencia. Desde arriba, desde las loras, palentina o burgalesa, el viajero se sumerge en un mundo pétreo: cuevas, dolinas, curiosas formaciones rocosas, cortados, etc.

Sobre el medio físico, la erosión sigue actuando incansable, modelando un paisaje en el que la naturaleza impone su ritmo, así es su soledad. Y, al final de las loras, el tremendo espectáculo que supone el Valle del Valderredible extendiéndose por debajo y con el río Ebro buscando la salida de Cantabria, donde nace.

El brutal contraste potencia la belleza del paisaje de la zona. Pero no quedan ahí los atractivos naturales de este "paraíso". Mientras redactamos estas líneas, no podemos dejar de recordar las inquietantes formas pétreas de la meseta de las Tuerces, asomadas al cañón de la Horadada, recortando sus siluetas sobre las tierras palentinas de Aguilar de Campóo y con la cordillera Cantábrica como telón de fondo. Tampoco es fácil olvidar la inmensidad de las loras, con sus mil y una dolinas agujereando la superficie del páramo; la cueva de los Franceses, como testigo de los fenómenos cársticos, el recogido nacimiento del río Ivia en Covalagua, por esbozar algo de lo que ofrecen al visitante páramos y valle.

Es más, siempre nos viene a la memoria cómo hemos enmudecido, vez tras vez, ante el espectáculo que supone el valle de Valderredible desde el mirador de Valcabado, al borde de los cortados de la Lora.

Así es nuestro presente capítulo, bueno, así y mucho más. Ya puestos, no podemos evitar pasear por toda la historia que esconden estos rincones de nuestro país: restos arqueológicos en cuevas y castros fortificados; dólmenes y menhires; huellas de la presencia romana en otras épocas; ermitas rupestres, que engrandecen el patrimonio de los espacios a los que nos referimos; iglesias románicas y un largo etcétera que irá acompañando nuestros pasos.

Una cosa más es cierta: Las Loras no forman parte del paisaje romántico que buscan muchos visitantes. Son páramos inmensos, salvajes y bellos, donde la naturaleza ha dejado, de forma caprichosa, una expresión única, diferente, pero de inconmensurable atractivo.

Una propuesta de visita

De Aguilar a Las Tuerces

Uno de los encantos del presente viaje radica en el uso que el hombre ha hecho, desde remotas épocas, del medio natural de las loras y del valle. Por ello, hemos establecido nuestro punto de partida en la noble y bella Aguilar de Campóo. Desde allí, es sencillo llegar a los distintos puntos señalados en el itinerario. En este entorno, añadiendo Valderredible, se encuentra la mayor concentración de ermitas rupestres de Europa. Así que la mejor manera de abrir boca es descubriendo la iglesia rupestre de Olleros de Pisuerga, uno de los templos más singulares de los que se han conservado. Se trata de una pequeña iglesia excavada en arenisca, con sus naves separadas por arcos, con sus ábsides adaptados a las necesidades de culto. Inicialmente, fue un eremitorio, pero también conserva restos de una etapa previa romana, además de una necrópolis y una llamativa torre-campanario exenta.

Iglesia de Olleros de Pisuerga

Nada más dejar la población de Olleros, en dirección Mave (junto a la que se encuentra el bello monasterio románico de Santa María convertido en hospedería rural), está otro de los puntos que muestran cómo el hombre aprovechó el magnífico entorno desde tiempos antiguos. Una pista hacia el noroeste acerca, tras poco más de kilómetro y medio, a un cruce del que parte un camino, que asciende al monte Cildá. En la meseta que corona dicho monte, se encuentran los restos de uno de los asentamientos más importantes de los pueblos cántabros en la zona. La elección del lugar era la idónea, ya que la cima domina un gran espacio. El asentamiento se ha identificado con la Vellica cántabra y, posteriormente, romana, así como con la Civitas Olive visigoda.

Horadada y Tuerces desde Cilda

Además, el lugar es un punto perfecto para descubrir el cañón de la Horadada, por el que se curva el Pisuerga bajo muros verticales, en los que se abren cuevas que guardan restos de hábitats antiguos. Pero también ofrece una magnífica perspectiva de la meseta de las Tuerces, al frente del Cildá, mostrando sus desafiantes figuras pétreas e insinuando parte de su enigmático laberinto. La meseta es uno de los puntos más atractivos de nuestro "paraíso natural". Accesible desde Villaescusa de las Torres, el ascenso es un preludio del conjunto gracias a sus primeros mares de roca fracturada, un atisbo del inmenso bosque pétreo.

Pasear por Las Tuerces es todo un placer. Andar entre tormos, voladizos, puentes, pasillos y cuevas ayuda a sentirse parte de un mundo irreal, de inmensas rocas y quebradas. Además, esas grandes rocas tienen nombre: La Mesa, Callejos, La Tuca, Los Reyes Católicos... Percibir la soledad del lugar, mientras se extiende la vista hacia las lejanas cumbres de la Cordillera Cantábrica, produce una gran sensación de calma a pesar de las inquietantes peñas.

Las Tuerces

Se puede recorrer la zona alta de la meseta. De hecho, un camino la rodea hasta alcanzar las ruinas del castillo de Gama y la ermita de la Virgen del Castillo, ambos asomados a la población del mismo nombre.

La Lora de Valdivia

Es el momento de encaminar nuestros pasos, a través del valle de Valdelucio, hacia las Loras. Primeramente, hacia la llamada Lora de Valdivia, la palentina, accesible desde la carretera de Revilla de Pomar. Antes de subir, un repetidor sobre Villarén de Valdivia recuerda la ubicación de otro importante asentamiento cántabro, Monte Bernorio, que también fue romano y visigodo.

Pero nuestro deambular sigue su ascenso, pasa por la pequeña y tranquila Revilla de Pomar y, antes de terminar la subida, llega al desvío de uno de los puntos naturales de nuestra propuesta: Covalagua. Tras un corto paseo a pie por una senda se accede a un encantador paraje, en el que un cortado de roca y una cueva causan el nacimiento del río Ivia, que da nombre al valle y a la lora. El agua, resultado de las filtraciones del páramo, sale del centro de una pared caliza, descendiendo entre saltos y creando un rincón que la Diputación de Palencia ha declarado Paraje Natural.

Senda atrás, y retomando el ascenso por carretera, se alcanza la cueva de los Franceses, una verdadera cueva de páramo con salas de estalactitas y estalagmitas de gran belleza, de caprichosas formas y múltiples tonos, con aguas interiores quietas que muestran la equívoca impresión de profundidad de sus reflejos. ¡Una visita obligada, en nuestra opinión!

Cueva de los Franceses

Pero ahí no queda la sorpresa de la zona. La carretera continúa, por poco tiempo, hasta el mirador de Valcabado. De forma inesperada, provocando un enorme contraste con la lora, se abre el valle de Valderredible, bajo el páramo, cortado en vertical. Es imposible no sentirse abrumado ante la perspectiva, sobre todo por lo insospechado.

Valderrible desde Valcabado

Si el viajero se vuelve hacia el páramo y después contempla Valderredible, puede ver la tremenda diferencia de ambos paisajes. Es fácil sentir la aparente inmutabilidad del páramo, sus lentas transformaciones y la inmensa sensación de soledad de su planicie. Por el contrario, el inmenso valle enseña algo más la mano del hombre en sus suaves montes y en sus pequeñas y dispersas aldeas, pero todo en medio de un impresionante espectáculo natural. Hay días que la limpia atmósfera concede la posibilidad de percibir hasta los pequeños detalles de Valderredible, toda una suerte. Sin embargo, también hay días en que un manto de nubes golpea los cortados del páramo y deja envuelto el valle en una espesa niebla: un auténtico mar de nubes desde Valcabado.

Valderredible

Es el momento de volver sobre nuestros pasos para penetrar en Valderredible. Desde Pomar de Valdivia, una carretera lleva al valle. Y seguimos hablando de contrastes. De repente, se acaban las amplias perspectivas del páramo y aparecen los claroscuros del bosque. Si las hayas colonizan la mitad superior de la ladera, los robles son los dueños de la zona inferior. Y se aprecia perfectamente el límite entre unas y otros.

A Santa María de Valverde se llega enseguida. La población cuenta con una de las más bellas y mejor conservadas iglesias rupestres de nuestro recorrido. En su día, la humedad hizo que se protegiera el conjunto con una gran cubierta de madera, algo que no dejó indiferente a nadie, pero es cierto que en otras ocasiones habíamos contemplado cómo la humedad estaba poniendo en riesgo el templo.

Iglesia de Santa María de Valverde

Nuestro paseo por el valle continúa uniendo los pueblos de la zona, en tierras cántabras o en palentinas, ya que algunas aldeas de Palencia se recogen bajo el páramo. Desde el valle, los cortados de La Lora desafían la quietud de Valderredible. Por allí se encuentran Lastrilla y Susilla, el arroyo Mardancho, que fertiliza la parte occidental, Villamoñico, Berzosilla y Olleros de Paredes Rubias, ambas de Palencia, y Sobrepenilla. A la altura de Sobrepeña se alcanza el Ebro.

Las poblaciones antiguas, rodeadas de una densa vegetación, añaden gran encanto a este espacio cántabro desconocido y bello, poco divulgado pero digno de detener el paso, de deambular por sus parajes y aldeas.

Junto al Ebro, nuestro deambular pasa por Rebollar y Arenillas de Ebro para alcanzar otro de los lugares más curiosos de este viaje: San Martín de Elines. Lo perdido del valle puede ser una de las causas por las que lo atravesó uno de los ramales primitivos del Camino de Santiago. No era fácil que llegaran hasta estos parajes las razias moras y aunque luego acerquemos nuestra curiosidad a la bella colegiata de San Martín, baste decir por ahora que es la joya románica de Valderredible.

San Martín de Elines

En breve también nos referiremos a las numerosas iglesias y ermitas rupestres que se pueden contemplar en la zona, a cuál más recogida o singular. Nuestra propuesta, de momento, las aparca, ya que su número es lo suficientemente abundante como dedicar un apartado en otra parte de estas páginas.

La Lora burgalesa

Para acometer la última parte de esa imaginaria ruta que nos habíamos propuesto tenemos que volver a ascender a la Lora burgalesa. Aunque no menos desconocida, es probable que muchas personas hayan oído hablar, alguna vez, de la comarca. En los años sesenta del siglo pasado, se encontraron bolsas de petróleo en la zona, pero la esperanza de que el "oro negro" abundara se vinieron abajo tras poco tiempo.

La Lora

Para abandonar Valderredible, hay una pequeña carretera que parte de la capital del valle: Polientes. Desde allí se puede acceder al páramo nuevamente y, durante el ascenso, admirar la gran belleza de Valderredible, especialmente en otoño, cuando hayas y robles colorean el ambiente.

La subida a La Lora burgalesa entusiasma a cualquiera, sobre todo, como comentábamos, por los impresionantes contrastes entre unas zonas y otras. Si Valderredible tiene la belleza de un valle cántabro, y La Lora de Valdivia numerosos espacios naturales interesantes, será en La Lora burgalesa donde el viajero percibirá la inmensidad del páramo, la fuerte sensación de soledad que provoca su eterna y su aparente inmutabilidad.

Sargentes de Lora

Sobre él, las aldeas emiten una gran soledad. Poco ha podido aprovechar el hombre del difícil entorno. Allí se encuentra Sargentes de Lora, el núcleo que aglutinó las expectativas de la existencia de "oro negro" y que aún conserva pozos de extracción en su entorno. También guarda un interesante dolmen de corredor en sus proximidades, llamado de la Cabaña, declarado Bien de Interés Cultural en 1993. El monumento megalítico prueba que el lugar remonta a miles de años sus primeros asentamientos.

Dolmen de Sargentes de Lora

Antes de llegar al final de este gran recorrido, debemos hacer una referencia al Rudrón, un río que nace como arroyo Hurón hasta llegar a la localidad de Basconcillos del Tozo y allí, en la confluencia de dos cerros, se introduce entre rocas convirtiéndose en una corriente subterránea, de aproximadamente un kilómetro y medio de largo en línea recta, que aflora entre riscos muy cerca de Barrio-Panizares, desde donde ya adquiere el nombre de Rudrón.

Puente natural del río Rudrón

No siempre fue así: cuando el curso era exterior horadó un curioso puente natural desde el que se puede contemplar la oquedad por la que actualmente aflora y la tremenda caída por la que se precipitaba el agua antaño. La llamada Cueva de los Moros, donde se sumerge, es accesible desde Basconcillos pero al poco de entrar se hace practicable solo para especialistas por la presencia de simas.

Los espacios físicos

La meseta de Las Tuerces y el cañón de la Horadada

Nuestro primer punto de referencia se encuentra en Las Tuerces. Se trata de una meseta de 4 kilómetros de largo por 8 de ancho, por cuya zona occidental corre el Pisuerga entre altas paredes de roca, en lo que se conoce como cañón de la Horadada. La composición caliza de la meseta ha permitido que la erosión, de agua y viento, haya moldeado la roca, y siga haciéndolo, dando forma a Las Tuerces y abriendo numerosas cuevas en La Horadada.

Las Tuerces

Un paseo por Las Tuerces lleva a penetrar en el abrumador relieve cárstico que han generado los agentes erosivos, y que siguen moldeando. El espacio muestra una insólita belleza, gracias a que es un auténtico laberinto de rocas formado por tormos, pasillos, puentes, oquedades, lapiaces y torcas. Ambos espacios, es decir, Las Tuerces y el cañón de la Horadada, están protegidos con la declaración de Monumentos Naturales.

El cañón de la Horadada es un estrechamiento natural del río Pisuerga entre los términos de Mave y Villaescusa de las Torres. Las paredes de roca que lo cierran cuentan con un centenar de cuevas que han sido estudiadas por sus contenidos, ya que fueron utilizadas como sepulcros naturales desde la Edad del Bronce hasta la Alta Edad Media. Según datos del carbono 14 los materiales más antiguos corresponderían al siglo vi a. C. y los más modernos al viii d. C.

La fase de formación de La Horadada ha sufrido varias etapas, dependiendo del nivel freático, de forma que las cuevas, en realidad, son la consecuencia de un nivel más alto de base. Al cañón se puede entrar a pie por un camino que parte de la carretera de Mave y que, tras pasar junto a una central hidroeléctrica, se acerca a la pared rocosa y a las cuevas.

Volvemos a señalar el excepcional mirador que es el monte Cildá sobre estos lugares. Además, no solo este aspecto es destacable, ya que, como decíamos previamente, fue un asentamiento cántabro de importancia. El emperador romano, Augusto, conquistó el castro y cedió los terrenos a la Legión IV Macedónica. Ellos fueron los encargados de construir las vías militares de la zona, así como los puentes romanos que aún se conservan en el entorno: el de Nestar, el de Puentetoma y el de Villallano.

La Lora de Valdivia

Las loras son páramos formados hace más de 200 millones de años y que emergieron como resultado de la orogenia alpina. El relieve se ha visto muy condicionado por la distinta resistencia de calizas, margas y areniscas, dando lugar a un sinfín de simas, cavernas y formaciones que suponen todo un libro de geología por sí mismas.

Las zonas exteriores de las loras están cortadas por valles profundos que ha ido excavando incansable la erosión. Por ellos discurren ríos como el Pisuerga, el Rudrón o el propio Ebro.

La parte palentina del páramo, la llamada Lora de Valdivia, debe el nombre al río Ivia, que brota en una de las paredes de roca que lo limitan por su zona occidental. El paraje, del que ya hemos hablado anteriormente, se conoce con el nombre de Covalagua y está declarado Monumento Natural.

En el centro del páramo, allí donde acaba el asfalto, está la Cueva de los Franceses; el nombre le viene por haber sido el lugar al que se arrojaron los soldados de las tropas napoleónicas que murieron en el enfrentamiento con un destacamento de húsares cántabros en pleno páramo y en 1808; el pozo al que se lanzaron los cuerpos era, en realidad, la entrada natural de la cueva y cuando se descubrió la misma aparecieron los restos. La cueva ha sido acondicionada para la visita, habilitándose su acceso a través de un túnel artificial de 62 metros de largo; la longitud del recorrido es de 482 metros, aunque se conoce un nivel inferior que puede ampliarlo en un futuro; en cuanto a la altura, apenas posee desniveles, siendo 21 metros la zona de mayor profundidad. Hace millones de años la cueva fue abierta por una corriente de agua, pero cuando esta se retiró dejó las galerías y permitió que las filtraciones del páramo disolvieran, con increíble lentitud, el carbonato cálcico hasta crear salas de estalagmitas y estalactitas de gran belleza.

El otro elemento imprescindible de la Lora de Valdivia es el mirador de Valcabado, también conocido en la zona como mirador del Toro, por la cueva que se abre por debajo, o de Valderredible, por la perspectiva que ofrece de dicho valle.

Pero el páramo es mucho más, como hemos dicho muchas veces. Algunos puntos están señalizados, como Canto Hito, al que se accede desde el *parking* de la Cueva de los Franceses. Se trata de un enigmático menhir, situado a unos dos kilómetros por la senda. Durante el paseo, no será difícil ver dolinas y lapiaces, todo un ejemplo de cómo actúa la erosión sobre las loras.

La Lora Burgalesa

La parte más extensa del páramo es la burgalesa y es la que siempre ha sido más conocida, entre otras cosas porque durante un corto periodo de tiempo, allá por los años sesenta, la zona mantuvo en vilo al país, ya que apareció petróleo en ella. Sin embargo pronto cayó en el olvido, cuando se comprobó que solo se trataba de pequeñas bolsas del preciado líquido negro. Sargentes de Lora fue la localidad que recibió la avalancha del descubrimiento hasta que el desengaño le devolvió su habitual quietud. Quedan hoy en la población, como fieles testigos de esperanzadas glorias pasadas, grandes casas que le imprimen un carácter distinto, si se compara con las tradicionales, así como los pozos diseminados por los alrededores y que dan una curiosa estampa al páramo.

La Lora se extiende hacia el oeste por la zona que corresponde a Palencia. Mientras, por el sur es el valle de Valdelucio el que hace de límite. En la zona alta del páramo se asientan algunas de las pequeñas aldeas, aunque la profundidad de los cortados es mucho menor en el límite meridional que en el septentrional. Por su extremo suroriental el paisaje cambia gracias al río Rudrón, del que hablábamos previamente. El curso, tras volver a la superficie, se encierra en un bellísimo cañón desde Barrio-Panizares, consiguiendo abrir paulatinamente una vega a partir de Santa Coloma del Rudrón; el curso del río limita el páramo por la zona oriental, mientras camina hacia el Ebro, al que vuelca sus aguas junto a Valdelateja.

Valle de Valderredible

El río Ebro es la causa de la belleza del valle, antes de que este abandone las tierras cántabras de su origen para penetrar en suelo burgalés. El propio nombre ya indica la presencia de sus aguas, no en vano Valderredible es la forma derivada de aquel Valle de la Ribera del Ebro, o Vall de Ripa Hibre medieval.

El valle es el más meridional de Cantabria y posee un amplio territorio que riegan el arroyo Mardancho, en su mitad occidental, y el Ebro. Este último, forzado por los altos páramos, fluye hacia el este, configurando la mitad oriental de Valderredible. El relieve del valle es más escarpado en su parte oriental y más suave en la occidental, debido, entre otras cosas, a que las loras pierden en ese tramo su verticalidad y profundidad.

Polientes es la capital de Valderredible y no todas sus aldeas pertenecen a Cantabria, pues algunas palentinas se asientan al pie del páramo y otras burgalesas cercan la zona oriental. En todo caso, y sea cual sea la paternidad de los pequeños pueblos que salpican el terreno de Valderredible, las características naturales e histórico-artísticas son comunes. La emigración de los años sesenta y setenta redujo a una tercera parte su población, aunque en los últimos años se aprecia una esperanzadora recuperación de los pueblos. Una magnífica colegiata románica, otros templos del mismo estilo y unas cuantas ermitas rupestres son las características patrimoniales del valle, a lo que nos referiremos enseguida.

La naturaleza es impresionante, especialmente por los contrastes y por la vegetación. La zona norte, la llamada matorriza, es tierra de monte suave, de matorral, roble y pino de repoblación, de ganadería vacuna, ovina y caballar;

la zona sur, cortada a veces en vertical por los impresionantes taludes de los páramos y regada por el Mardancho y el Ebro, es la conocida como valluca y ha vivido tradicionalmente de la ganadería, así como del cultivo de cereal y de la patata, muy buena y conocida.

Los altos y verticales cortados del páramo culminan en formaciones rocosas de gran belleza, como es el caso Peña Camesía y Peña Corbea, auténticos vigías de Valderredible; en cuanto a las laderas, por debajo de las zonas rocosas, recogen impresionantes masas de roble y hayas que aportan un color especial, especialmente en otoño, cuando los tonos rojos y ocres convierten el valle en un lugar encantado, muy, muy bello.

Un poco del ecosistema

Las zonas a las que hemos dedicado el capítulo tienen marcadas diferencias, según la altitud y la situación. La más húmeda es Valderredible, que cuenta con praderas y bosques caducifolios. Mientras, la vegetación de las loras, está muy supeditada a las características físicas y geológicas. La mano del hombre es evidente en ambas zonas, aunque parezca que no es así en las loras. Sin embargo, diferentes estudios han demostrado que en otros tiempos, los páramos estuvieron cubiertos por bosques mediterráneos, sobre todo por encinas. El ser humano fue quitando encinas y quejigos para tener más tierras de pastos y para calentarse con la madera.

En el valle de Valderredible, los bosques son de haya, de roble —por debajo del hayedo—, y pino de repoblación, encontrándose también ejemplares de acebo. El sotobosque añade helechos y setas, mientras que la hiedra cubre muchos troncos. Las riberas de los ríos aportan sauces, fresnos, chopos, álamos y otros árboles de galería. Y en las zonas menos húmedas también hay encinas.

En cuanto al páramo, es un gran muestrario de plantas leñosas y aromáticas. En él abunda, además de enebro, espino, brezo, genista, así como tomillo, espliego, lavanda, mejorana, menta, ajedrea y un largo etcétera. La primavera en La Lora se cubre con un gran manto de flores, pudiéndose contemplar, incluso, algunas praderas de lirios silvestres.

Además de lo expuesto, debemos señalar que a lo largo de las loras, las dolinas han creado pequeños biotopos que, incluso, llegaron a ser utilizados para siembra antiguamente. Son destacables algunos ejemplares de avellano que se alzan en varias dolinas.

Entre la fauna del páramo, no es difícil contemplar mamíferos como el ciervo o el corzo. Además, en el ecosistema de las loras habitan jabalíes, liebres, zorros y lobos, diferentes especies de culebras y lagartos. En cuanto a las aves, sobrevuelan este espacio, entre otras: buitres, cigüeñas, garzas, grullas, abubillas, vencejos, avefrías, algún águila real, imperial, calzada y culebrera, así como azores, halcones y cernícalos.

Con respecto a Valderredible, también el lobo se mueve por la zona, además de contar con otras especies como desmán ibérico, nutria, marta, tejón y gineta. Igualmente, cuenta con diferentes especies de reptiles, así como anfibios. Entre las aves, por citar algunas: milano negro, buitre leonado, águilas culebrera y real y halcón peregrino.

Patrimonio histórico

Es innegable que nuestro paraíso natural esconde también un imponente patrimonio artístico. Hemos citado, de paso, algunos de sus puntos de referencia, pero no podemos dejar sin dedicar unas líneas al aspecto que citábamos al comienzo del capítulo y que muestra cómo el hombre también ha sabido aprovechar su entorno.

Vamos a centrar la atención en Valderredible y en cómo la composición de la roca y la abundancia de cuevas permitió la presencia de ermitas, en época visigoda o en momentos de la repoblación, durante los primeros siglos de la Edad Media. El patrimonio rupestre del valle cuenta con cinco iglesias rupestres, tres semirrupestres, dos sectores rupestres junto a dos iglesias, sesenta cuevas artificiales, veinticinco necrópolis rupestres y otros espacios. Y eso solo en el valle, puesto que en la zona burgalesa y palentina hay otros templos que nos han llegado, como el de Olleros de Pisuerga, uno de los más impresionantes de nuestra propuesta de visita.

El patrimonio rupestre de Valderredible se compone de cuevas excavadas en la roca que se configuraron como iglesias. Su datación es complicada, pero merece la pena apuntar la idea de numerosos investigadores que afirman que los primeros ermitaños llegaron a Valderredible en época visigoda. Los pobladores de entonces fueron dando forma a algo tan bello e inaudito como Santa María de Valverde, situada bajo el páramo, en la zona occidental del valle. Considerada la *"catedral de las rupestres"*, es Monumento Nacional y una construcción única, que mide 16,30 metros de largo, por 8,30 de ancho y 3,30 metros de alta.

Otro de los templos rupestres más espectaculares de Valderredible es el de Arroyuelos, en el extremo contrario del valle. Igualmente conjunto eremítico en un principio, está horadado en una inmensa roca, tan alta que permitió excavar dos pisos y tener dos naves, divididas por una airosa columna central. También en la zona oriental del valle se halla la ermita rupestre de Cadalso. Se trata de un templo excavado en un solitario roquedo, con una nave y un ábside orientado al este y abovedado, al que se accede mediante un arco de medio punto.

Junto a la iglesia parroquial de Campo de Ebro, dificultando su visión, se halla la ermita rupestre dedicada a Santa Eulalia. Las investigaciones hablan de un lugar previo, sacralizado, y ampliado varias veces hasta darle la forma que tiene hoy. Y, aunque fuera de Valderredible, en el límite y dentro de la vecina provincia de Burgos, no podemos olvidar la espectacularidad de San Miguel de

Ermita rupestre de Cadalso

Presillas, a unos tres kilómetros. de Arroyuelos, de gran espectacularidad y belleza. El interior consta de tres naves, con sus respectivos ábsides y los altares, que enseñan las oquedades destinadas a depositar las reliquias.

Y, como diría un buen amigo sobre el tema: *"La visita a Valderredible deja al viajero un poso de ancestral religiosidad, lo provee de calma y reflexión, lo conecta con una espiritualidad que mezcla lo más piadoso y sutil con la gran fuerza de la naturaleza allí presente"*[1].

Finalmente, nos referimos a la colegiata de San Martín de Elines, la joya románica del valle y un lugar que no debemos pasar por alto. Aunque ciertas características apuntan a una primera construcción por parte de hispanocristianos, lo que se sabe es que fue monasterio de benedictinos, instalados en la zona cuando esta se convirtió en paso de peregrinos de un ramal del Camino de Santiago. Después fue de agustinos regulares, momento en que se convirtió

---

1. VÁZQUEZ, Sebastián y DE ARAGÓN, Esther, *Rutas Sagradas. Lugares míticos y mistéricos de España,* La Esfera de los Libros S.L., Madrid, 2015.

en colegiata. La decadencia que sufrió desde el siglo xix estuvo a punto de acabar con el edificio, pero un párroco decidió impulsar su restauración y mantenimiento hace varias décadas. Decíamos que la colegiata es una joya y así es, dada la belleza en piedra de su ábside, sus capiteles, canecillos, frisos y ventanas. Sobre el conjunto se eleva una curiosa torre circular que debió ser vigía de peregrinos en tiempos pasados. El interior del conjunto no es menos atractivo, sobre todo por la magnífica serie de capiteles historiados circulares del templo, las tallas, el claustro del siglo xvi, las pinturas murales y los sepulcros labrados en piedra.

Información práctica

www.turismocastillayleon.com/es/rural-naturaleza/geoparques/geoparque-mundial-unesco-loras
www.valderredible.es

Mapa de Las Loras, Las Tuerces y Valderrible

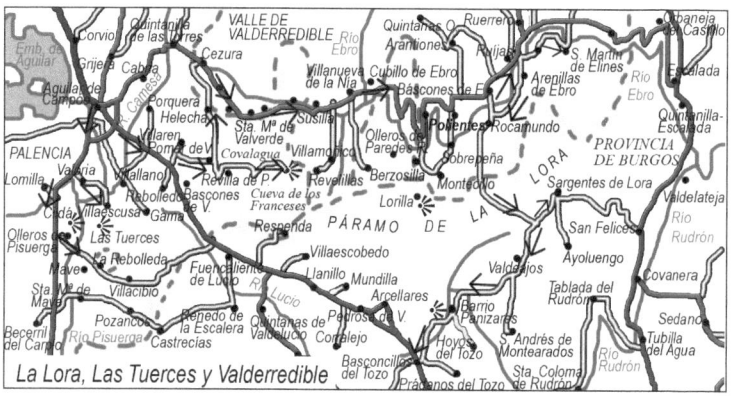

Capítulo 5
La Sierra de O Courel

Una breve mirada

Hasta hace relativamente poco tiempo, la Sierra de O Courel, o Caurel, era un espacio casi inaccesible. Probablemente, esta característica es la causa de que haya conservado el magnífico medio natural, pero también la tradicional forma de vida y una fisonomía en sus aldeas que más parece de cuento que de realidad.

Por poner un cierto límite, esta sierra lucense se extiende entre Ancares, la cuenca del Sil y El Bierzo leonés. El espacio lo conforman altos y verticales montes, estrechos y angostos valles, pequeñas aldeas de pizarra —de casas abigarradas—, bosques de castaños —soutos—, y de hayas —devesas.

En realidad, es un espacio de leyenda en el que contemplar magníficos paisajes, por el que extender la mirada y sentir escalofríos ante la profundidad de los abismos y lo inconmensurable de los horizontes, en el que escuchar el sonido de árboles que los propios celtas hubieran considerado sagrados, por el que pisar levemente para no interrumpir el murmullo del agua y en el que sentir la soledad propia de ambientes tan naturales como aislados.

En todos nuestros espacios hemos sido capaces de sentir asombro por la naturaleza. Pues bien, en O Courel, cualquier persona puede sentirse hechizado por su medio natural, por sus aldeas y sus gentes. Perdido en sus paisajes, no es complicado sentirse en un paraíso, muy en línea con estas páginas. Especialmente, al pasear por sus soutos y devesas observando los juegos de luces y colores del otoño y de la primavera; al deambular junto a las corrientes de agua; al contemplar las bellísimas cascadas —pincheiras—; o al penetrar en las pequeñas aldeas para sentirse transportado a un tiempo pasado, más propio de leyenda que de realidad.

Es toda una aventura sumergirse en la sierra y observar cerrados mares de nubes desde las cumbres. Y casi se puede creer en meigas mientras se deambula por los bosques bajo una fina y gratificante lluvia. Cuando estás en O Courel todo es auténtico. Desde comer filloas, caldos de castañas, miel y feixós, a hablar con la gente de lo abandonadas que se van quedando las aldeas. Lo cierto es que, inmerso en este espacio mágico, dan ganas en ocasiones de quedarse y no volver. Así es O Courel, el que reflejan estas líneas y que es una gran suerte conocer.

Apunte sobre la región

La Sierra de O Courel es un espacio inmenso salpicado por numerosas pequeñas aldeas. La mayor parte de ellas se engloban en dos ayuntamientos: Folgoso do Courel y Quiroga.

El espacio muestra una espectacular belleza gracias a sus verticales y altas montañas y a los valles, profundos y cerrados, por los que los ríos se retuercen buscando tierras más abiertas.

Forman el conjunto de O Courel diversas sierras lucenses que, a medida que se alejan del centro geográfico de la región hacia el oeste, suavizan su orografía, siendo la zona más escarpada aquella por la que se deslizan los ríos Selmo, Soldón y Lor, así como la línea que separa la provincia de Lugo de la de León. Gracias a su biodiversidad, todo este espacio forma parte de la protección que se conoce como "Zona de Especial Protección de Valores Naturales Ancares-Courel", limitando ambas sierras el extremo occidental de las estribaciones de la Cordillera Cantábrica.

Sierra de O Courel

Sus montañas más altas forman un gran cordal que protege el valle del Lor por su zona oriental y cuyas cimas —llamadas Faro, Formigueiros y Piapáxaro— se elevan por encima de 1600 metros. Otras altas sierras rodean la cuerda citada: A Escrita y Oribio por el oeste, A Bimbreira, Roxa Longa, O Carballón y Os Cabalos por el este.

Dada la verticalidad de los montes y la ininterrumpida sucesión de los mismos, los paisajes en O Courel se extienden ilimitados, magníficos, desde las zonas altas, mientras que se cierran bruscamente en los valles. El color del medio natural varía fuertemente de unas épocas a otras y, a pesar de que siempre existe el fondo verde que aporta la vegetación propia de zonas muy húmedas, el brezo, las hayas, los castaños y las mimosas, entre otros, son capaces de modificar el tono de las laderas. Aunque hay algo que es omnipresente en la sierra: la pizarra. La pizarra sí es una de las características de la fisonomía de O Courel. De hecho, la franja de pizarra que atraviesa la provincia de Lugo, continúa por Ourense y se introduce en Portugal, está considerada como una de la más grandes de Europa.

Pero tan característica es la pizarra como la existencia de múltiples cascadas, que crean parajes de enorme belleza en torno a los cursos que despeñan sus aguas desde las zonas altas hasta los ríos principales: el Lor, el Selmo, el Soldón y el Quiroga.

La Sierra está habitada desde muy antiguo, siendo numerosos los restos de pueblos celtas y de la presencia romana, ya que se han descubierto decenas de castros en los montes, así como restos de explotaciones mineras. Las aldeas actuales parecen ser una pervivencia de muchos de aquellos poblados antiguos, una impresión que se ha visto acrecentada por el aislamiento tradicional de la sierra, cuyo origen es el complicado relieve, y que ha preservado una curiosa y bella fisonomía tradicional en los pueblos. Iremos viendo todo ello, y muchas cosas más, en relación con la etnografía de la sierra, como ferrerías, sequeiros, cabañas y albares (colmenares), y con su historia, como las minas, los restos de la explotación romana o los castros.

Una propuesta de visita

Como decíamos, es necesario saber que la región, a pesar de su aislamiento, ha tenido asentamientos desde antiguo. Los celtas habitaron la zona hasta la dominación romana. Datados en los siglos anteriores a nuestra era quedan docenas de castros dispersos por el territorio.

La causa de estos asentamientos se encuentra en la abundancia de minerales de O Courel. De hecho, los romanos conocieron la abundancia de oro de la zona y emplearon el mismo método para su extracción que en las no muy lejanas Médulas. Por tanto, las minas también forman parte del paisaje, y no solo las romanas, ya que la abundancia de zinc, hierro, cobre o antimonio, por citar algunos, se han explotado hasta época muy reciente.

Dada la magnitud del espacio físico que engloba la sierra, nuestra propuesta solo invita al acercamiento y a descubrir algunos de sus puntos más emblemáticos. Sin embargo, es mucho lo que queda fuera y, sobre todo, mucho tiempo el que es necesario para abarcar toda la región. Además, puesto que son numerosas las pistas que comunican unas aldeas con otras, proponemos utilizar algunas vías de comunicación, no asfaltadas, para llegar a los lugares elegidos.

Desde Folgoso do Caurel

Nuestra propuesta parte del mismo Folgoso do Caurel, concretamente por la carretera que acerca a Vidallón. Folgoso es más bien un centro administrativo, con numerosos servicios. La carretera mencionada acerca a las tradicionales aldeas de A Campa y Vidallón, ofreciendo magníficas perspectivas sobre la zona sur de la sierra. El asfalto se une a la carretera principal de O Courel cerca del Alto do Boi, una de las puertas de acceso a O Courel. De ese lugar, hacia el este, parte una pista amplia que une la zona alta de la sierra con algunas minas y aldeas mineras.

Viajero, esta es una zona en la que perderse, textualmente, para disfrutar de la zona alta de O Courel. La pista se ramifica en numerosas ocasiones, pudiendo desde ella alcanzar tanto las aldeas de Pacios da Sierra y Vilarbacú, como la cima del Piapaxaro, el Pico do Boi y el popular Miradoiro do Monte Fedo, la laguna glaciar de Lucenza, el mismo Formigueiros y otros muchos lugares.

Las excursiones por estas pistas mineras son tan espectaculares como la propia sierra y en ellas se puede emplear unos cuantos días. Nuestra propuesta deja ver las minas de la vertiente sur del Piapaxaro, que rodeamos, asomándose a los impresionantes cortes verticales, profundos e interminables que tanto han modificado la fisonomía de la sierra. Hacia el sur, la pista lleva a la encantadora y tradicional aldea de Vilarbacú, encerrada entre montes, en la cabecera del río Quiroga, aquí naciente. Junto a ella se pueden ver los restos de una antigua y conocida mina de antimonio.

La zona meridional de la sierra es diferente a la vertiente norte en cuanto a vegetación, ya que en estos lugares los soutos han dejado su sitio a melojos, madroños y a las mimosas, cuyas flores tapizan algunas laderas antes del verano.

Ya por carretera quedan A Cruz de Outeiro y Outeiro, dos aldeas situadas bajo el emblemático Montouto.

Outeiro

El Soldón, el Selmo y el Visuña

Es el momento de seguir el valle del río Soldón hacia O Soldón, el Alto da Seara y A Seara.

A Seara es una aldea más grande y cabeza de las poblaciones de Vieiros, A Seara, O Soldón y Vilarbacú. Su entramado medieval ha vivido una importante restauración, como ha ocurrido en otras aldeas de la sierra. Su atractivo es indiscutible, hasta el punto de que el río Selmo, en la misma población, crea un bello salto de agua.

A Seara

Muy cerca queda la también tradicional aldea de Vieiros. Desde ella parte una senda que, en poco más de diez minutos, desciende por medio de un denso bosque hasta la bellísima cascada de Vieiros, que el mismo río provoca en un solitario paraje. Hacia el este, ya junto a la frontera de León, queda Ferramulín, que debe el nombre a una antigua ferrería, de las que abundaban en O Courel. En el entorno de la población hay bellos castañares y no menos atractivas rutas para ver las tradicionales cabañas courelanas. Allí se unen el Rego da Seara y el Visuña para dar paso al Selmo. Desde la población parte una senda, paralela al Visuña, que lleva entre molinos y permite el acercamiento a Hórreos, aunque también se puede alcanzar continuando carretera hacia el norte. Precisamente después de pasar por la desviación de Hórreos y antes de una curva, es perceptible la entrada de la cueva de la Buraca das Choias, que se abre a los pies del Pico dos Corvos, accesible gracias a una senda. Es una de esas cuevas que se han explorado por dentro, pero que, a pesar de su interés geológico, es preferible no hacer sin equipo y especialistas.

Más al norte, las casas medievales de Visuña, de amplias galerías y pasadizos aéreos. Hasta no hace mucho, funcionaban dos molinos en la zona y la aldea aún conserva sus eras de pizarra.

Molino y fábrica de luz en Ferramulín

Formiguieros y la Devesa de Rogueira

Tras rodear el Formigueiros, el monte más alto de la sierra, se llega al Alto do Couto, del que parte la pista de la que hablábamos al empezar nuestro camino en el Alto do Boi, uniéndose en varios puntos.

Desde el Alto do Couto la impresión que proporciona la Devesa de Rogueira está garantizada. Este es uno de los puntos más singulares de O Courel por lo que a biodiversidad se refiere. Allí el hayedo comparte espacio con otros árboles, pero colorea la parte alta de la ladera del Formigueiros. Son tres kilómetros cuadrados de bosque primario de incalculable valor natural.

En Moreda hay un Aula de la Naturaleza dedicada a la Devesa da Rogueira. Desde ella, parten sendas señalizadas para conocer el hayedo y ascender al Formigueiros. La zona es espectacular, con arroyos que se precipitan impetuosos, albergando especies endémicas en el norte peninsular, como el tritón ibérico. Además, por la propia devesa se mueven, entre otros, corzos, martas, comadrejas y garduñas. Incluso se habla de la llegada esporádica de algún oso.

Dejando atrás la devesa, aparece el imponente emplazamiento y no menos asombrosas ruinas del castillo de Carbedo, fortificación que fue de los Condes de Lemos, aunque ya existiera con anterioridad, de lo que daba buena prueba la estancia de Alfonso II el Casto durante un periodo de su infancia, a finales del siglo VIII.

Ruinas del castillo de Carbedo

Antes de alcanzar Seoane do Courel merece la pena desviarse por la carretera, en dirección Samos y, a poco más de un kilómetro, tomar otra carretera que anuncia la dirección de la Mina da Toca, una de las que explotó el imperio romano con la técnica de la "ruina montium". La mina es bien visible desde mucho antes de llegar, mostrando el desmonte realizado para extraer el oro de sus entrañas. Tiene una fosa de 680 metros de lago por casi 100 de ancho y 40 de profundidad. Aún quedan algunas de las señalizaciones que se pusieron para identificar galerías y otras zonas de la mina. También visible, hacia el norte, está la mina de Monte Barreiro, igualmente romana, próxima a la aldea de Vilela.

De Seoane a Folgoso por Baldomir

De vuelta a Seoane, nuestra propuesta acomete su tramo final. Merece la pena pasar por Meiraos, Villasibil, Miraz, Paderne y Pedrafita do Courel. Después, hay pistas que llevan hacia el sur, volviendo a abrir los descomunales paisajes sobre la sierra y los valles. Más adelante, Seceda, otro de los núcleos restaurados, y después hacia Eiriz. Si hasta entonces es posible percibir la belleza y la dureza de la sierra, la carretera a Eiriz impresiona por sus fuertes despeñaderos sobre el río Loúzara. Siguiendo un poco más, quedan Froixán, una de las mejor rehabilitadas de la zona, y Vilamor, rodeada de praderas y montes.

El final de nuestra propuesta sigue la carretera junto al río Lor. Por allí está la pequeña cascada de Rexiu y el Ponte de Baldomir, o Valdomir. En ese lugar hubo una importante ferrería, aunque de ella ya queda poco más que unas ruinas y la capilla. Y hasta aquí.

Ríos, cascadas y minas

Ríos y cascadas

La mayor parte de las corrientes que nacen en O Courel son tributarias, directa o indirectamente, del río Sil, cuyo valle corta por el sur la sierra. Dada la verticalidad de los montes, todos los cursos buscan los valles entre saltos y cascadas, llamadas "fervenzas o pincheiras". La fuerza y la abundancia de agua, además, permitió desde antiguo la instalación de molinos y ferrerías junto a los cauces.

El río de O Courel, por excelencia, es el Lor, ya que es el que cruza la sierra desde O Cebreiro hasta el Sil, siguiendo una dirección nordeste-suroeste, regando los principales núcleos del macizo: Folgoso y Seoane. El río Loúzara es uno de sus principales afluentes; nace en Louzarela, también en la zona de Piedrafita y, tras cruzar el valle al que da nombre y de rodear la Sierra de A Escrita, se hunde entre pizarras hasta alcanzar el Lor, junto a la deliciosa aldea de O Touzón.

Con respecto al Soldón, nace cerca de O Soldón de Seara y su rápido descenso dio pie a la creación de la ferrería de O Mazo, una de las mayores de O Courel. El río va recibiendo afluentes mientras rodea el Montouto y se hunde en un profundo y estrecho valle; un kilómetro al sur de Outeiro recibe las aguas del Caroceiro, recién liberado de una gran "pincheira". Tras haber pasado por la ferrería de Rugando y por Paradapiñol, recoge las aguas del Fiais, uno de los más espectaculares de toda la zona, ya que en sus ocho kilómetros de longitud cuenta con 22 cascadas y toboganes que los aficionados utilizan para hacer barranquismo. El Soldón desemboca en el Sil junto a O Soldón.

En cuanto al Selmo, es otra de las corrientes emblemáticas por sus bellos saltos. Nace en el Formigueiros y enseguida recibe las aguas de la laguna glaciar de Lucenza; cerca de A Seara recoge al Fúcaro, que también tiene una cascada antes de desembocar, y al cruzar la última aldea citada, el propio Selmo produce otro pequeño salto. Más allá, pasado Vieiriros, crea la cascada más bella de O Courel, la de Vieiros, a la que se llega por una senda andando diez minutos desde la carretera. Después de permitir la existencia de un molino en Ferramulín, el curso se encamina al Sil a través del Bierzo leonés.

Río de Vileta

Por fin, el Quiroga, que nace en el Piapáxaro, baña Vilarbacú y, tras formar las cascadas de A Pedriña y Salto da Ola, pasa por la encantadora aldea de Casas do Vello. Antes de desembocar en el Sil, junto a Quiroga, recoge las aguas de otro río espectacular por sus saltos y cascadas, el Ferreiriño, que nace en el monte A Legua, cerca del Alto do Boi.

Las minas

Si buscáramos la causa de la ocupación antigua de la Sierra de O Courel, tendríamos que referirnos a la composición de sus suelos. A pesar de que la mayor parte de la sierra está formada por pizarra y por caliza, la presencia de numerosos minerales y metales llevaron a su extracción desde muy antiguo. Las primeras explotaciones lo fueron de hierro, cobre y oro, siendo especialmente significativas las últimas.

Los romanos ocuparon los castros de la sierra y se dedicaron a lavar los ríos y a aplicar la ya citada técnica del "ruina montium" sobre las montañas —la misma técnica empleada en las vecinas Médulas—, dejando importantes huellas de aquella época, como la mina da Toca y la de Torubio Oeste, sobre el Lor, cada una a un lado y a media ladera ambas. De la mina da Toca, perfectamente visible desde la carretera entre Mostaz y Millares, ya hemos hablado. El hierro fue extraído igualmente desde época celta y, de hecho, la explotación se mantuvo durante milenios; la riqueza que produjo el hierro llevó al funcionamiento simultáneo de medio centenar de ferrerías que olvidaron su función a principios del siglo xx, cuando la creación de los Altos Hornos. La calidad del metal era ya conocida en época romana, puesto que se sabe de la fama que alcanzaron las espadas hechas en la zona de Incio con hierro de O Courel. Por otro lado, muchas de las aldeas de la sierra proceden de la instalación de dichas ferrerías, como demuestran los topónimos: Ferreirós, Ferramulín, Ferrería...

Minas de la Sierra de O Courel

Hoy es la pizarra la causa de las gigantescas minas a cielo abierto que asombran al visitante en algunas zonas de O Courel. Lo cierto es que se pueden ver varias de ellas abandonadas, pero las que están en funcionamiento provocan un paisaje capaz de dejar el alma de cualquier viajero en suspenso por los verticales y profundos cortes, los contrastes de color y las lagunas del fondo.

El ecosistema

Muchos son los factores que hacen de O Courel un espacio singular, lo hemos ido comprobando. Pero, entre los más importantes, la biodiversidad y el contraste de vegetación entre las fachadas norte o sur de la sierra. La diferencia permite la alternancia de árboles y plantas de tipo atlántico y mediterráneo, dependiendo de la vertiente de las montañas. Por tanto, se pueden contemplar, según la zona, hayas y alcornoques, castaños y encinas. La altitud, la composición del suelo, incluso las actividades tradicionales han caracterizado la cubierta vegetal de la enorme superficie de O Courel.

Más que hacer una relación de la inmensa diversidad de la sierra, queremos dejar constancia de aquello que impresiona, como los soutos, castañares, porque el castaño parece estar por todas partes y porque aporta una belleza increíble al paisaje. El castaño, curiosamente, es un árbol que fue introducido en la zona por los romanos, pues era un buen, y barato, recurso para alimentar a los mineros que debían extraer el oro. Pero los soutos son algo más, ya que los courelanos lo han utilizado para construir sus casas tradicionales.

En cuanto a las devesas, son bosques situados en zonas de umbría en los que predomina el haya y el roble. El color, los claro-oscuros y las sombras dan una magia especial a los bosques de O Courel y, a pesar de que han quedado reducidos a zonas específicas, sigue siendo un verdadero placer poder contemplar las masas forestales, desde dentro o desde fuera. Junto a las hayas hay abedules, tejos, acebos, arces y avellanos. La zona de O Courel con más devesas es el cuadrante nororiental y la de mayor entidad es la llamada de Rogueira, en la vertiente norte del Formigueiros, bien señalizada y con un aula de interpretación en Moreda.

Castaño de O Courel

Devesa de Rogueira

Mientras los montes cambian absolutamente de tono cuando florece el brezo rosa, cuando el helecho cambia de color, cuando las mimosas aportan el amarillo a las laderas, las praderas están siempre verdes y los bosques de ribera forman verdaderas bóvedas sobre arroyos y ríos, de manera que es igual que se visite O Courel en otoño, primavera, verano o invierno, porque siempre es diferente y atractivo.

En cuanto a la fauna, cuenta con ciertos endemismos, sobre todo a nivel de insectos y anfibios. Con respecto a las aves, se han contabilizado un centenar de especies, de las que las más numerosas son las que habitan los roquedos. En cuanto a mamíferos, hay cuarenta especies, entre los que cabe destacar la presencia de nutrias, murciélagos y de ciertos mustélidos, como marta, armiño, tejón y comadreja. También llama la atención la presencia de lobos y el que se pueda avistar, esporádicamente, algún oso en la zona más septentrional, procedente de Ancares. El oso habitó la sierra hasta mediados del siglo XX, lo mismo que el ciervo y el urogallo.

Información práctica

http://www.serradocourel.es/
https://www.courelmountains.es/
https://www.galiciamaxica.eu/galicia/lugo/courel-2/
https://www.turismo.gal/que-facer/rutas-turisticas/ruta-do-courel?langId=es_ES

Mapa de la Sierra de O Courel

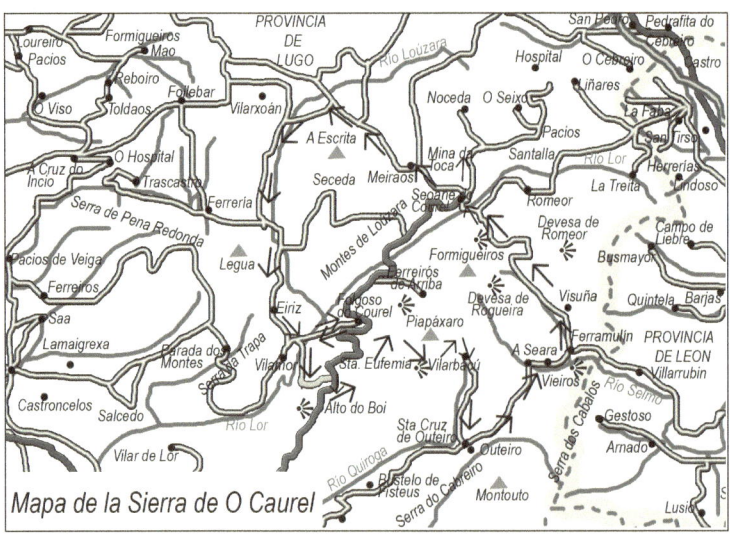

Mapa de la Sierra de O Caurel

Capítulo 6
Pantano de Valdeinfierno, río Luchena y Sierra del Gigante

Introducción

Los lugares de los que se ocupa nuestro último capítulo representan otra pequeña excepción, como ocurre con el Sur de Soria. Quizás el espacio físico no tenga la misma dimensión, pero sí se centra en lugares poco conocidos, muy distintos a los que imaginamos al hablar del límite de Murcia y Almería. Sin embargo, no solo están junto a un parque natural, sino que son auténticos oasis, a pesar de que los incendios también han hecho mella, como en muchos otros lugares de los que habla este pequeño libro. Los protagonistas de esta propuesta se sitúan en el extremo sur de Murcia, allí donde se encuentran las sierras que limitan con la comarca de los Vélez almeriense. De hecho, nuestro recorrido propone acabar en tierras andaluzas para conocer la Sierra del Gigante en toda su magnitud y añadir un espacio que esconde valores de gran importancia. Pero no adelantemos acontecimientos porque también debemos ocuparnos de un magnífico desfiladero, el que se extiende desde el pantano de Valdeinfierno, en plena Sierra de Pericay.

La mayor parte de nuestro recorrido pertenece al municipio de Lorca. Desde siempre, las diferentes pedanías han contado con explotaciones agrarias y de ahí la cantidad de cortijos que salpican las sierras. Ocurre igual con las tierras que ya están en Almería, aunque tanto en unas como en otras, la emigración dejó abandonados muchos de esos cortijos y hoy quedan como testigos de una forma de vida que, desafortunadamente, no parece encontrar su sitio en el mundo que vivimos.

Otro aspecto importante, del que nos ocuparemos después, es la extracción de mineral en las sierras. La zona pertenece a la franja que desde Alicante hasta Almería cuenta con mármoles de gran calidad. De ahí la cantidad de canteras que se han explotado tradicionalmente, y se siguen explotando. La abundancia de esas pequeñas explotaciones tradicionales también llama la atención.

Acostumbrados a oír que falta agua en el sudeste peninsular, demasiadas veces damos por supuesto la aridez de tierras murcianas y almerienses, olvidando que, tal y como ocurre siempre, las generalizaciones nunca reflejan la realidad. Si algo tienen las zonas de nuestro último paraíso natural es su gran fertilidad.

No hay un atisbo de duda sobre el atractivo de la propuesta actual. La naturaleza se muestra magnífica, en medio de un desfiladero, entre montes o desde las zonas altas. Lugares singulares que suponen un buen colofón a estas páginas.

Una propuesta de visita

Valdeinfierno

Nuestra propuesta de visita parte de la pedanía lorquina de Zarcilla de Ramos, en la zona oriental de la Sierra Pericay. El primer punto de destino de este viaje es el mismo embalse de Valdeinfierno al que se accede por una pista asfaltada desde la zona occidental de Zarcilla y que está señalizado. Son poco más once kilómetros los que separan la población del embalse. Al principio, el itinerario cruza entre tierras de labor, pero poco a poco el paisaje se va haciendo más agreste.

Embalse de Valdeinfierno

El embalse de Valdeinfierno es un lugar de los más impactante. Es pequeño y lo habitual es que tenga poca agua. Sin embargo, cuando llueve fuerte en la zona, se llena y rebosa por el desfiladero, causa de una bella excursión a pie que proponemos a continuación.

Es el río Caramel el que vuelca sus aguas en el pantano de Valdeinfierno, que nace en plena sierra almeriense de María, además de ir recogiendo el aporte procedente de varías ramblas. Lo cierto es que está muy sometido a la precipitación, pero tampoco pensamos que su construcción tuviera como objetivo principal el abastecimiento de agua, sino más bien su regulación.

Quizás sea el momento de aportar un poco de experiencia propia. Resulta impactante llegar por primera vez ante el embalse y encontrarlo casi sin agua. Sabíamos de la antigüedad del pantano, de lo incierto del proyecto de origen y del comienzo de sus obras, que comentaremos después; incluso habíamos paseado por su historia, por desbordamientos y riadas, pero no estábamos preparados para verlo con un nivel tan bajo.

Es cierto que es pequeño y que su construcción se realizó para mejorar el sistema de regulación del Luchena-Guadalentín, aumentar el aprovechamiento del agua para los regadíos de Lorca y Totana y para servir de contención ante riadas. Pero una imagen vale más que mil palabras y la verdad es que nos quedamos impresionados.

Otras visitas a la zona han demostrado que Valdeinfierno es, sobre todo, cambiante, según el nivel de precipitaciones, pero esos cambios no hacen sino dar mayor belleza al lugar.

La alternativa del Estrecho de Luchena

Aunque nuestra propuesta se detenga, momentáneamente, en Valdeinfierno, no queremos dejar a un lado uno de los parajes más espectaculares de la Comunidad de Murcia, según nuestra opinión. Se trata del llamado Estrecho de Luchena y se extiende desde la parte baja de la pared de presa de Valdeinfierno por un angosto y bello desfiladero, coronado por la cima del Pericay (1235 metros).

Estrecho de Luchena

La alternativa que proponemos supone salir por el camino de Zarzilla de Ramos que conduce al Cortijo Ojos de Luchena. Es una pista que llega hasta ese edificio, que pertenece a la Confederación Hidrográfica del Segura. Junto a él brotan las aguas que se filtran en Valdeinfierno o que recoge la Sierra de Pericay y que forman el río Luchena. Este enclave, situado a 600 metros de altitud, tiene un alto valor ambiental y su denominación es Lomas del Buitre-Río Luchena, está amparada bajo la protección del lugar como Zona de Especial Protección Para las Aves

(ZEPAs), así como LIC (Lugar de Interés Comunitario). Esta última protección abarca tanto el ecosistema fluvial, como las lomas y roquedos y sus respectivas especies de flora y fauna.

Ojos de Luchena

Además de ver los acuíferos del Luchena, una senda lleva desde ese punto, pasando por el albergue Casa de la Chiripa, hacia el Estrecho del Luchena. Desde los Ojos hay unos tres kilómetros hasta la misma pared de presa del embalse y el camino es solo apto para hacer andando. El final es especialmente impresionante. El espacio va casi siempre cerrado entre altas paredes de roca y girando continuamente. En algunos puntos, es necesario sortear las rocas del cauce, incluso, si ha habido lluvias, puntos donde se debe vadear la corriente. Pero, merece la pena, no hay duda. En estos lugares es la naturaleza la única dueña del terreno. No es difícil ver durante este paseo alguna cabra montés o algún arruí —el muflón del Atlas que se ha ido extendiendo por la región—, pero, sobre todo, buitres leonados y rapaces sobrevolando el espacio. Además, recordemos que en la zona se encuentra uno de los hábitats de la tortuga mora.

Tarayes, zarzas, espinos, enebros, lentisco, retamas y romero, entre otras plantas, van acompañando la soledad de nuestros pasos.

El desfiladero es uno de los motivos principales de esta propuesta, pero debemos decir que hay muchos puntos de interés en el entorno, entre el desfiladero y los Ojos. Por citar algunos: el barranco de los Machos; el mirador de la Culebrina; la Caldera del Buitre, la subida a la cima del Pericay, etc. Todos ellos, en medio de una naturaleza montaraz y con laderas llenas de pinos.

Algo que aún no hemos hecho más que apuntar es el tema de la minería en la zona. No será complicado ver alguna cantera o alguna mina dedicada a la extracción de mármoles. Son calizas sedimentarias, cristalizadas por efecto de la tectónica alpina y la consiguiente metamorfosis. Hoy por hoy, y puesto que el mármol tiene un gran valor ornamental, es uno de los principales activos de la minería de la zona. Especialmente, por su diversidad, y no solo por cuestión de tipos, sino también de colores. En la Comunidad de Murcia hay más de un centenar de estas

Cantera de mármol

minas y el mármol que se extrae cuenta con un gran reconocimiento internacional. A lo largo de nuestro paseo, incluso en la misma Sierra del Gigante, se pueden ver los trabajos de extracción en los montes.

La Sierra del Gigante

Ha llegado el momento de seguir con nuestra propuesta, retomándola en el mismo embalse de Valdeinfierno. La pista continúa desde allí hacia el sur y alcanza el "Albergue Casa Iglesias", una antigua casa forestal acondicionada como albergue turístico.

El lugar es una auténtica encrucijada de caminos. Desde ese punto se puede alcanzar el Parque Natural de Sierra María, ya en tierra almeriense, además del Collado de los Carasoles, nuestro siguiente destino para rodear la Sierra del Gigante. Por estos pagos, el paisaje sigue mostrándose abrupto, insinuando ramblas y barrancos desde las zonas altas y siempre acompañado por las crestas calizas que coronan los montes.

La Sierra del Gigante es un escarpado macizo a caballo entre tierras de Murcia y Almería, que tiene una orientación nordeste suroeste. Por ello, el camino, tras los Carasoles, cambia la dirección para seguir rodeando la sierra, volviéndose a asomar a nuevas fincas de labor, preludiando así el final de nuestra ruta.

Es como si cambiáramos la abrupta orografía y naturalidad de los montes anteriores, olvidando pinos y carrascas, para dar paso a matorral y a fincas de almendros y olivos, así como a un buen número de cortijos salpicando aquí y allá la región y a no menos cuantiosas ramblas.

La sierra se puede seguir para hacer casi alcanzar los restos del castillo de Tirieza. El mismo eleva aún una torre sobre un puntal rocoso, a 911 m de altitud. El lugar fue perfectamente escogido a comienzos del primer milenio como vigía estratégico sobre la vega del río Cornejos.

El Maimón, nuestra última propuesta

No podemos dejar de recomendar seguir un poco más para terminar en un macizo que esconde tesoros importantes: el Maimón. Será fácil entender por qué.

Antes o después, nuestra propuesta llega a la carretera C-22, que une las RM-701 y la AL-9104, entre La Parroquia (Murcia) y Vélez Rubio (Almería). Pues bien, entrando en Almería, se eleva la Sierra del Maimón entre Vélez Blanco y Vélez Rubio y sus laderas conservan cosas tan interesantes como la Cueva de los Letreros, un verdadero santuario de pinturas rupestres, de la que se supone que salió el emblema del indalo almeriense.

Pero, además, muy cerca de la cueva está el llamado Cerro del Judío, que muestra una necrópolis rupestre y remonta su hábitat hasta época íbera. Por si esto fuera poco, el aprovechamiento del agua en la zona se puede rastrear hasta época mora, gracias a las canalizaciones que nos han llegado.

Un buen final, ¿no es así?

Río Luchena

Los embalses de Valdeinfierno y Puentes

El río Luchena, originalmente brotaba en la Sierra de María almeriense. Sin embargo, sus aguas se hacen subterráneas y brotan en los Ojos del Luchena, del que hemos hablado. El río brota gracias a los aportes de las diferentes corrientes y ramblas, que se unen en el embalse de Valdeinfierno, así como de lo que recoge la Sierra de Pericay. Se ha demostrado que cuando los niveles del embalse crecen, inmediatamente aumenta el nivel del agua de los Ojos del Luchena, lo que evidencia cómo las aguas se hacen subterráneas durante un tramo para después emerger en dicho paraje. La cuenca del Luchena ha dejado un espacio lleno de barrancos, ramblas y cárcavas en la zona. Sin embargo, desde su tramo medio se tranquiliza, permitiendo una amplia vegetación de ribera, hasta que desemboca en el embalse de Puentes, que recoge las aguas del Guadalentín.

La historia de ambos embalses se remonta a la época de Carlos III. En 1785 dispuso la construcción de las presas de Puentes y Valdeinfierno. Esta última comenzó a construirse en 1785, pero se paralizaron las obras en 1806. En un principio el embalse de Valdeinfierno tenía una capacidad de 16,5 hectómetros cúbicos, pero resultaba imposible la maniobra de las compuertas de su desagüe de fondo. Por ello, a partir de la primera avenida que sufrió, se fue rellenando de sedimentos hasta la parte alta de la presa, que se construyó en mampostería con mortero de cal y paramentos de sillería.

El Embalse permaneció prácticamente abandonado, hasta que en 1874 se pudo abrir el desagüe de fondo. Entre las causas que retomaron la funcionalidad de Valdeinfierno está la serie de avenidas e inundaciones que sufrió todo el levante entre 1870 y 1880. La de 1.879 fue especialmente destructiva en la región de Murcia. Por ello, se celebró en 1885 el Congreso contra las inundaciones de la región de Levante, que dio lugar a un importante plan de actuaciones.

La Comisión que realizó dicho plan incluyó la rehabilitación del embalse de Valdeinfierno, con el fin de reducir las puntas de avenida y al propio tiempo aumentar los recursos hidráulicos para el regadío de Lorca.

La citada Comisión propuso la reparación de la presa y un recrecimiento de 15 metros de altura. Las obras comenzaron en 1892 y finalizaron en 1897.

El Maimón

El paisaje de la comarca es la consecuencia de los cataclismos geológicos que hicieron emerger hace cincuenta millones de años los macizos de la comarca, desecando los sedimentos marinos que formaron las calizas y margas que forman el sustrato de la comarca y que aportan los tonos al paisaje. Son numerosas las crestas, abrigos y cuevas resultado de la erosión que ha producido el agua durante millones de años. Actualmente, el macizo del Maimón también forma parte del Parque Natural de Sierra María, ya que este se amplió hace unos años para englobar la comarca de los Vélez.

En el término de Vélez Blanco se encuentra una de las cuevas que forman parte del Patrimonio de la Humanidad por las pinturas rupestres que atesora. Se trata de la Cueva de los Letreros, en realidad un abrigo abierto en la ladera del Maimón. Han sido muchos los investigadores que se han acercado a este santuario, durante siglo y medio, para estudiar las pinturas que hicieron sobre la roca los habitantes de estos pagos hace miles de años y todos están de acuerdo en el carácter mágico del abrigo y de sus representaciones. Los investigadores también fueron los encargados de reproducir las figuras y de hacer que no se perdieran, ya que el tiempo y la erosión han hecho casi desaparecer muchas de ellas.

La Cueva de los Letreros consiguió la declaración de Monumento Histórico en 1921, aunque ya había sido investigada a mediados del siglo xix. Gracias a los especialistas, especialmente a M. Góngora y a H. Breuil, nos podemos hacer una idea de algunas figuras, hoy desaparecidas, ya que sus reproducciones datan de 1863 y 1913 respectivamente. Una de las que ya no podemos ver y que más llamaron la atención fue la figura esquemática de un individuo, de piernas abiertas, cuyos brazos extendidos se cierran con un arco por encima de la cabeza, lo que recuerda, considerablemente, al indalo. Las pinturas que se pueden ver aún en el abrigo convierten el mismo, como decíamos, en un auténtico santuario rupestre. Allí se mezclan figuras esquemáticas, como ídolos bitriangulares y soles, con algunas seminaturalistas, como la representación de ciervos o machos cabríos. La cueva conserva una de las más deliciosas figuras seminaturalistas de la Península, la conocida como "El Hechicero", enseña de la comarca.

Cueva de los Letreros

Cerca de la Cueva de los Letreros se encuentra otro punto de interés. El llamado Cerro del Judío esconde un asentamiento, sin investigar, que remonta su origen a época íbera; junto a él y sobre una gran roca se abren, además, un sinfín de tumbas antropomorfas que los especialistas han datado en etapas medievales. Pero, y para dar más valor a este espacio, una serie de canales, muros y edificaciones nos hablan de otros tiempos también; por el lugar se despeña el agua que mana de las montañas y es conducida hacia diversos molinos a través de canales que, por lo menos, se remontan a época de los moros, quienes supieron aprovechar el preciado líquido mediante sofisticados sistemas de canalización.

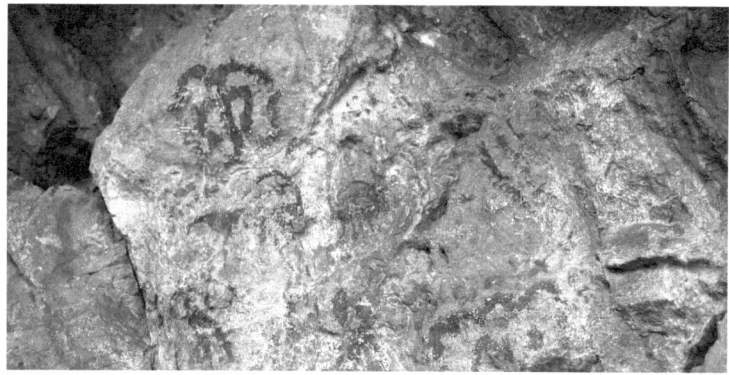

Pinturas rupestres de la Cueva de los Letreros y reproducción de "El Hechicero"

Un apunte sobre Lorca, Vélez Blanco y Vélez Rubio

Lorca

Los términos de los que hemos hablado en nuestra ruta forman parte de tres ciudades que están declaradas "conjunto histórico artístico".

La primera es Lorca, una ciudad de importancia en época romana, cuando se llamaba Eliocroca (ciudad del sol), que conserva restos de aquella época y de miliarios de la Vía Augusta. En época mora, fue una importante plaza militar y centro fronterizo con el reino cristianos, etapa en la que se dio forma al laberíntico entramado superior de calles que crecieron junto a la alcazaba. En 1243, Alfonso X conquistó Lorca y, desde ese momento, empezó a crecer la ciudad monumental, que cuenta con un importante patrimonio artístico. En cuanto a su término municipal, uno de los más grandes de nuestro país, se encuentra señalizado con numerosas rutas, históricas y naturales, que permiten hacer una aproximación a los miles de años de historia de la zona o a los lugares con un patrimonio natural singular.

Vélez Blanco

También la ciudad es conjunto histórico-artístico y posee un gran encanto; sus calles retorcidas, de clara estructura medieval, suben con fuertes desniveles por la ladera del cerro que corona el imponente castillo-palacio de los señores de la zona: los Fajardo, Marqueses de Vélez y adelantados de los Reyes Católicos, de Carlos I y de Felipe II.

Vélez Blanco

Desde el cerro del Castillo, que así se llama, las panorámicas no pueden ser más bellas sobre las sierras del Gigante, de María y del Maimón; el río Claro, que nace junto a la población, forma una rambla que se dirige al río de los Vélez, conservando ambos cursos restos de aquellas fortificaciones de la frontera del reino de Granada. Así, se pueden ver, desde el privilegiado mirador del castillo de los Fajardo: la torre vigía del río Claro, los restos del castillo de Tirieza, del que ya hemos hablado, y del de Xiquena, que fue primero una alcazaba y sus restos guardan un sinfín de enigmas.

Sierra del gigante

Castillo de Tirieza

Vélez Rubio

Vélez Rubio es hoy el centro comercial y de servicios de la comarca, preponderancia que consiguió a partir del siglo XIX, con la decadencia de Vélez Blanco. Se asoma a la rambla de Chirivel desde el llamado cerro del Castellón, en cuya zona más alta quedan los restos de la fortaleza mora que este pueblo mantuvo hasta la conquista cristiana de 1488, cuando los Reyes Católicos decidieron repoblar la zona extramuros.

También es conjunto histórico, gracias a su bello barrio morisco, a sus numerosas casas señoriales y a sus atractivas rejas y celosías.

Información práctica

https://www.regmurcia.com
https://www.lorcaturismo.es/
https://losvelezturismo.org/

Mapa de Valdeinfierno, río Luchena y Sierra del Gigante

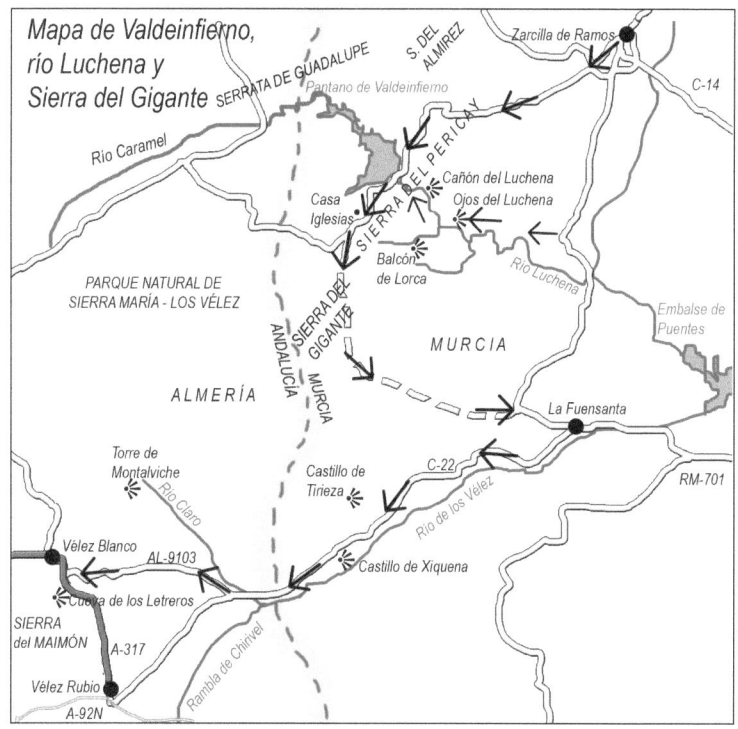

Bibliografía

ALCALDE CRESPO, Gonzalo, *La Montaña Palentina*. La Lora, Palencia, 1992.

BARROSO GUTIERREZ, Félix, *Guía Curiosa y Ecológica de Las Hurdes,* Libros Penthalon, Ed. Acción Divulgativa, Madrid, 1991.

BERZOSA GUERRERO, Julián, *Iglesias Rupestres. Cuevas artificiales, Necrópolis rupestres y otros horadados rupestres de Valderredible (Cantabria),* 2005.

SANTOS, Manuel, O Courel. *La sierra de las aldeas de pizarra,* Ed. do Cumio S.A, Vigo, 2002.

Sierra María-Los Vélez, Instituto Velezano de Turismo y Ed. Everest, León, 1999.

UNAMUNO, Miguel de, *Andanzas y visiones españolas,* Ed. Austral, Madrid, 1922.

VV. AA., *Atalayas y fortalezas en la frontera del Duero. Guía turística del sur de Soria,* ADEMA y Asociación Tierras Sorianas del Cid, Diputación Provincial de Soria, 2003.

Guía Verde. Sierra Viva, Ed. Mancomunidad de Municipios de la Sierra del Segura, Albacete, 1994.